La gestualità degli italiani

Mario Parisi

La gestualità degli italiani

Un viaggio attraverso il paesaggio del linguaggio non verbale

Bibliografische Information der Deutschen Nationalbibliothek:
Die Deutsche Nationalbibliothek verzeichnet diese Publikation in der Deutschen Nationalbibliografie; detaillierte bibliografische Daten sind im Internet über http://dnb.dnb.de abrufbar.

E-Mail: mparsival@yahoo.de

Herstellung: BoD - Books on Demand

Printed in Germany

ISBN:978-3-00-055436-0

STRUTTURA DEL LIBRO

Il presente volume presenta una selezione di gesti di uso quotidiano, diffusi e compresi su tutto il territorio italiano, ad eccezione dei gesti specificatamente regionali. Il suo scopo primario è un tentativo di presentazione e divulgazione del linguaggio gestuale italiano nei suoi aspetti generali, senza alcuna particolare pretesa di carattere scientifico.

Si tratta soprattutto di un primo approccio conoscitivo dei gesti italiani scelti in base al loro grado di frequenza nell'uso quotidiano e, comunque, presenti nelle varie forme di manifestazioni artistiche e culturali: cinema, tv, teatro, arte, letteratura, fumetti, giornali, ecc.

L'idea iniziale che ha mosso alla realizzazione di questo manuale esplorativo è maturata nel corso dell'attività dell'autore quale docente di lingua italiana per stranieri in Germania. Il lavoro svolto in quest'ambito ha permesso di verificare come mediazione, comprensione, padronanza attiva e passiva di una lingua, quella italiana in particolar modo, non possano oggi più rinunciare alla conoscenza del linguaggio gestuale del parlante italiano. Gesto e parola svolgono funzioni comunicative complementari nel settore dell'apprendimento di una lingua straniera. Per quanto concerne la lingua italiana, la competenza perlomeno passiva del linguaggio gestuale dei parlanti nativi, ritenuti un "popolo gestuale", va considerata indispensabile ai fini di una corretta comprensione della lingua stessa.

Nel criterio di scelta dei gesti non sono stati considerati una serie di altri linguaggi gestuali, certamente non di minore importanza ed utilità, quali, ad esempio il linguaggio LIS (Linguaggio Italiano Sordomuti), i gesti in uso in varie categorie professionali ove distanza fisica e funzionalità facilitano lo svolgimento delle attività lavorative come nel settore dell'edilizia, nautico, borsa, sport, traffico stradale, areoportuale, istituzioni di ordini monastici e altri.

La classificazione dei gesti è stata realizzata secondo criteri di genere contestuale e funzionale. Contesto e funzione sono stati suddivisi per argomento in singoli capitoli. Ogni singolo gesto viene presentato tramite una apposita scheda contraddistinta dalle seguenti voci:

- ***Numero e titolo***
  Il gesto viene presentato tramite una singola parola oppure un'espressione ritenuta riassuntiva o indicativa circa il suo significato ed è contrassegnato da equivalente numerazione progressiva.

- ***Origine***
  Nella stragrande maggioranza dei casi stabilire con certezza l'origine di un singolo gesto è cosa ardua se non del tutto impossibile. Si è voluto però ugualmente dare un'indicazione di origine con l'intento di mettere a disposizione del lettore almeno una collocazione geografica di mero carattere orientativo. Tale scelta è il risultato ottenuto dalla consultazione della copiosa letteratura esistente sull'argomento e di pubblicazioni scientifiche riportate nell'elenco bibliografico.
  Per quanto concerne i gesti napoletani sono stati consultati gli studi di Andrea De Jorio *"La mimica degli antichi investigata nel gestire napoletano"* mentre per i gesti siciliani sono state determinanti le ricerche del Pitrè riportate nella sua monumentale opera *"Biblioteca delle tradizioni popolari siciliane"*.

  Un ulteriore contributo ai fini della collocazione geografica di un determinato gesto è il risultato di una serie di ricerche condotte dall'autore in varie regioni e località italiane e dai preziosi suggerimenti, colloqui ed osservazioni ricevuti da parte di cittadini residenti in diverse aree geografiche, con particolare attenzione però verso le regioni centromeridionali.

- ***Espressione verbale corrispondente 1***
  Essendo il volume in oggetto originariamente concepito anche come strumento conoscitivo nonché supporto integrativo nell'ambito dello studio della lingua italiana per stranieri si è ritenuto utile apporre l'aggiunta di singole definizioni o espressioni verbali, senza alcuna pretesa di completezza le quali, di volta in volta, possono sostituire, accompagnare o completare il gesto trattato.

- ***Espressione verbale corrispondente 2***
  Un singolo gesto talvolta può esprimere significati diversi o presentare situazioni che rimandano a funzioni o sfumature divergenti dal suo significato di maggiore accettazione. È questo uno dei motivi che inducono a interpretazioni dissonanti o addirittura polarizzanti circa il "vero" significato del medesimo gesto. Nel tentativo di facilitarne le diversità di impiego e i significati alcuni gesti sono contraddistinti da una doppia o tripla voce: 1/2/3

- ***Fotografia***
  Una o più foto di un singolo gesto facilitano la visibilità e la dinamica di esecuzione del gesto.

- ***Come si fa il gesto***
  Qui vengono indicati i movimenti, la mimica e la postura necessari per poter "fare" il gesto. Spiegare a parole o tramite disegni la dinamica con cui viene eseguito un gesto non è sempre un compito facile; tra gli altri, sia il Pitrè che il De Jorio ne facevano espressamente menzione.

- ***Spiegazione***
  Questa voce descrive, in alcuni casi in modo dettagliato, il significato del gesto e riporta, quando reperibili o a conoscenza dell'autore, particolari di carattere storico, sociale, citazioni, curiosità, talvolta documentate altre volte verosimili o presunte ma in ogni caso connesse all'origine e all'evoluzione nel tempo del gesto stesso.

- ***Differenze interculturali***
  Questa voce indica eventuali differenze di significato che lo stesso gesto o movimento può assumere in altri Paesi. Oltre alle documentazioni cartacee e audiovisive, un prezioso contributo alla realizzazione di questa voce è stato offerto dal variegato contesto multiculturale di diverse località tedesche ed italiane.

  Questa nota va considerata soltanto un primo passo, e quindi incompleto, finalizzato ad evidenziare la diversità di significato che un medesimo gesto può avere in altri paesi ed occasionalmente a non incappare in imbarazzanti malintesi.

Espressioni forti e volgari
Singole parole o espressioni sono contrassegnate da uno o due asterischi.

  * Un asterisco indica parole ed espressioni forti.
** Due asterischi indicano parole ed espressioni volgari. In ambedue i casi mettono in guardia dal loro impiego in contesti formali.

Gesti volgari
Le definizioni forti e volgari ed i gesti omonimi, non di rado, offrono il fianco a critiche o censure da parte dei puristi della lingua e da presunti difensori della comune morale. La decisione di concedere spazio anche ad alcuni gesti di questo tipo ed alle relative espressioni verbali risponde esclusivamente alla necessità di mettere a disposizione del lettore un quadro possibilmente ampio del panorama gestuale e del suo lessico corrispondente.

Indice bilingue italiano-tedesco

Il volume nasce, come già menzionato, dalla necessità di integrare il linguaggio gestuale nell'insegnamento della lingua italiana come lingua straniera nei paesi di lingua tedesca ed in particolare in Germania, luogo in cui vive e lavora l'autore. La scelta di un indice bilingue facilita una svelta individuazione dei singoli gesti.

Bibliografia

La realizzazione di questo manuale non sarebbe stata possibile senza la consultazione di numerose opere in materia di comunicazione non verbale nella sua globalità ed in modo più approfondito alla gestualità più specificatamente italiana. Le note bibliografiche riportate sulle singole pagine sono volutamente limitate nel numero al fine di conferire maggiore scorrevolezza e rendere più agevole la lettura.
I titoli dei testi e gli autori presi in considerazione nella stesura del volume sono riportati nell'elenco bibliografico.

DVD

È già stata fatta menzione di come dinamica e chiarezza di un determinato gesto non possano sempre essere riprodotte in maniera esauriente per mezzo di un disegno o di una fotografia.
Il dvd, disponibile a parte, comprende tutti i gesti presentati nel libro, contrassegnati dal medesimo numero e titolo riportati nel volume.

INDICE DEI GESTI

Verzeichnis der Gesten

INTRODUZIONE

All'inizio non era affatto il verbo. Nell'evoluzione umana i gesti hanno sempre rappresentato l'aspetto primario della comunicazione. Aristotele sostiene che fin dalla sua creazione l'essere umano nasce nudo e muto. Nella fase che precede l'apprendimento della lingua verbale, il modo di comunicare degli umani si basa su mimica, emissioni sonore non verbalizzate e soprattutto sul movimento degli arti superiori e di quelli inferiori. Insomma si esprime con l'unica lingua sviluppata nel grembo materno ancor prima di nascere.

L'uomo ha quindi iniziato a comunicare tramite il movimento.
Il movimento si è concretizzato in gesto.
Il gesto ha generato il segno, dal segno è nata la lettera, dalla lettera l'alfabeto, dall'alfabeto la scrittura.

Le singole lettere dell'alfabeto di qualsiasi lingua altro non sono che un ordinamento elaborato di segni, ai quali ogni gruppo linguistico-culturale ha conferito un determinato suono.

Quando l'essere umano ha deciso di erigersi su due gambe, da quadrupede è divenuto bipede. Questa nuova postura eretta gli ha permesso di trasformare le proprie gambe anteriori in braccia e mani con cui interagire con l'ambiente circostante. A partire da questa fase oltre a svolgere tutta una gamma di attività quotidiane indispensabili a garantire la sua sopravvivenza materiale, le braccia e le mani sono divenute ulteriori strumenti estensivi del corpo. Le sue principali funzioni sono: la difesa e l'attacco, la manipolazione degli oggetti e la comunicazione non verbale.

Il gesto è divenuto così lo strumento di comunicazione primario dei nostri antenati. L'esprimersi tramite gesti ha assunto un ruolo di esclusiva centralità nella comunicazione nel periodo anteriore allo sviluppo della lingua verbale e scritta. Il segno è il gesto riprodotto sopra una superficie. Segno e disegno (segno inteso in tutte le sue estensioni figurative) sono gli strumenti di cui l'uomo si è sempre servito per poter esprimere sé stesso in ogni fase della sua esistenza, dagli esordi ad oggi, e continuerà a farlo fino alla sua estinzione. E forse non si tratta soltanto di una casualità, una banale coincidenza il fatto che nella lingua italiana si definisca la Creazione "*di-segno*" divino.

IL GESTO

Cenni storici

L'accezione moderna comunemente condivisa dagli studiosi della comunicazione non verbale stabilisce che i gesti sono dei segni che il corpo produce in modo consapevole o inconsapevole al fine di comunicare informazioni soggettive ed oggettive in assenza della lingua verbale.
Che i gesti fossero segni era già noto oltre duemila anni fa. Uno dei primi testi avente per oggetto il linguaggio in cui si menziona la funzione della gestualità è il celebre dialogo platonico che prende il titolo di *Cratilo*. I protagonisti di questa disputa sono Ermogene e Cratilo, i quali assistiti da Socrate discutono sulla natura del linguaggio. Il quesito a cui i due personaggi sono chiamati a prendere posizione è se l'organizzazione del linguaggio poggi su basi naturali o convenzionali. La teoria sostenuta da Cratilo è che le espressioni linguistiche con cui denominiamo gli oggetti abbiano un legame intrinseco, naturale con l'oggetto stesso. Ermogene invece è del parere che non sussiste alcuna relazione naturale fra l'oggetto e l'espressione linguistica con cui viene definito.

Il vocabolario italiano sotto la voce "gesto" riporta la seguente definizione: *movimento delle mani o del capo con cui si accompagna un discorso o per mezzo del quale si esprime uno stato d'animo.* "Gesticolare" viene definito invece: *fare gesti, perlopiù in modo concitato, per farsi capire o per dare maggiore evidenza a ciò che si sta dicendo.*
Mentre per "gestualità" si intende: *un insieme di gesti che accompagnano o sostituiscono la parola.* (Enciclopedia Treccani)

In questo volume consideriamo il gesto di mani e capo, spalle, e di molteplici altre parti del corpo, come strumento fondamentale finalizzato ad esprimere intenzioni comunicative non verbali, vale a dire la comunicazione non verbale o il linguaggio del corpo.

La letteratura specialistica propone diverse definizioni del concetto di gesto. In questo luogo ci si prefigge di presentare in breve le definizioni ritenute più attinenti all'argomento trattato in questo volume di alcuni tra i più autorevoli studiosi internazionali della comunicazione non verbale.

L'inglese Desmond Morris sostiene che debba essere definito gesto qualsiasi atto prodotto in presenza di uno o più interlocutori, le cui finalità mirino a trasmettere un'informazione. (adattato da cit. Ricci Bitti, 1998:16)

Una definizione alquanto ampia rispetto alle conclusioni decisamente più circoscritte a cui giunge Adam Kendon[1], per il quale il gesto è considerato tale soltanto se manifestato intenzionalmente all'interlocutore che, da parte sua, deve essere in grado di riconoscerlo e di interpretarne correttamente il significato.

---

[1] I use the term "gesture" to refer to any instances in which visible action is mobilized in the service of producing an explicit communicative act, typically addressed to another, regarded by the other (and by the actor) as being guided by any openly acknowledged intention, and treated as conveying some meaning beyond or apart from the action itself.
(Kendon, 1984:81)

McNeill[2] sintetizza ulteriormente la definizione di gesto affermando che esso è limitato al movimento visibile di mani e braccia nell'ambito di un discorso, in cui la funzione del gesto è quella di esprimere i pensieri del gestuante.

Nella mia trentennale esperienza nel campo dell'insegnamento della lingua italiana come lingua straniera e osservando l'interazione quotidiana tra i miei connazionali e non, ho avuto ripetutamente modo di constatare le innumerevoli proprietà della produzione gestuale italiana. Cito alcune osservazioni che ritengo di fondamentale importanza, confortate a sua volta dalle conclusioni rilevate da Adam Kendon. (riportate da Ricci Bitti, 1988:16f)

Innanzitutto va detto che una delle maggiori proprietà del gesto è l'immediatezza del suo potenziale espressivo. Il movimento di una delle parti del corpo o un suo semplice accenno è in grado di trasmettere una tale mole di informazioni laddove la lingua verbale (o scritta) si vedrebbe costretta a ricorrere ad una serie di parole o alla costruzione di frasi che richiederebbero sequenze temporali decisamente più lunghe.

La produzione del gesto avviene generalmente in assenza di rumore, di conseguenza la sua silenziosità permette un'interazione priva di elementi di disturbo o di interruzione del discorso in atto. Il gesto può sostituire l'espressione verbale nei casi in cui l'uso delle parole risulti inappropriato, evitando così la formazione di circostanze indiscrete, imbarazzanti, offensive, ecc.

Il gesto può rappresentare un valido strumento nell'interpretazione corretta di espressioni verbali poco chiare, ambivalenti, vaghe, fumose, divaganti, ampollose ed è inoltre irrinunciabile quando determinati fattori quali distanza fisica e rumore vanifichino l'impiego della lingua verbale.

Nell'apprendimento di una lingua straniera, in particolare quella italiana, la conoscenza, anche parziale del linguaggio gestuale italiano risulta di estrema utilità ai fini di una completa e corretta comprensione del parlante di lingua italiana.

"Il gesto adempie, evidenziandole, a due funzioni ben distinte: funzione psicologica e funzione comunicativa. Si parla di funzione comunicativa nel momento in cui il gesto viene indirizzato direttamente verso l'interlocutore allo scopo di trasmettere una determinata informazione. Il gesto svolge invece una funzione psicologica quando evidenzia stati emotivi o stati mentali, senza però l'intenzione di voler trasmettere all'interlocutore alcun determinato effetto comunicativo." (Kendon)

---

[2] The gestures i mean are the movement of the hands and arms that we seen when people talk... (1992:1). Gestures are like thoughts themselves. They belong, not to the outside world, but to the inside one of memory, thought, and mental images. (1992:12)

Tramite il gesto possiamo:
- ripetere il parlato senza modificarne il significato
- aggiungere nuovi elementi informativi al parlato
- sostituire interamente il parlato in caso di necessità (distanza, rumore, stato di invisibilità dell'interlocutore)
- contraddire ciò che si sta affermando verbalmente

La funzione del gesto ricorda in qualche modo ciò che avviene ascoltando musica o leggendo una poesia oppure ancora osservando un'opera d'arte: agli occhi del ricevente infatti la sua funzione può eludere dalle intenzioni del musicista, del poeta o dell'artista. La musica, la poesia, l'arte figurativa come ogni altra forma d'arte, non sono più ad esclusivo appannaggio dell'autore che le crea, bensì di ogni singolo individuo nell'attimo in cui ne viene a contatto. In altre parole è la prospettiva ed il sentire dell'interlocutore ad incanalare di volta in volta il messaggio ricevuto, che quindi può essere inteso sia come espressione di uno stato emotivo che come strumento regolatore dell'interazione in oggetto.

Sempre attingendo dalla mia esperienza professionale ho avuto infinite volte occasione di appurare come una singola parola o una frase vengano comprese più facilmente se precedute o accompagnate da un gesto e come la parola o la frase in questione venga meglio memorizzata se da parte del discente viene pronunciata eseguendo il medesimo gesto.

Il linguaggio gestuale è in grado di migliorare sia il potenziale espressivo dell'emittente sia le capacità ricettive del ricevente. Tale affermazione trova conferma negli studi condotti da Condon e Orgson (1966), secondo i quali il corpo si muoverebbe in sincronia con l'espressione verbale. Un aspetto, questo, che si può osservare in qualsiasi persona durante l'interazione faccia a faccia così come nel corso di una telefonata o durante un monologo.
Gli stessi studiosi attribuiscono al linguaggio gestuale un ordine gerarchico simile a quello riscontrato nel linguaggio verbale. Quindi, in presenza di un discorso verbale di complessa articolazione, così come esistono parole e frasi verbalmente espresse, si manifesta un sistema articolato composto di gesti, mimiche e posture che, unitamente, danno vita a delle vere e proprie parti del discorso non verbale o alle cosiddette *"frasi gestuali"*. Il gesto però può anche anticipare il parlato; fatto facilmente riscontrabile, ad esempio, ogni volta che cerchiamo mentalmente una parola nel flusso del discorso. Durante questa ricerca produciamo più o meno inconsciamente gesti, movimenti, mimiche o tutte e tre le cose insieme, che tendono a simulare la funzione della parola mancante o a riprodurne il comportamento.

Le mani e le braccia sono il prolungamento del cervello, la sua emanazione. Oltre alla loro funzione di richiamo di parole o frasi, gli arti superiori trovano visibilmente impiego in presenza di situazioni comunicative di una certa complessità come, ad esempio, quando vogliamo riportare alla mente fatti accaduti in passato oppure nella risoluzione di compiti e problemi di una certa complessità. I movimenti eseguiti dalle mani in tali circostanze si comportano come la matita di un disegnatore che traccia delle linee sulla superficie di un foglio, il pennello di un pittore sopra una tela da dipingere, il vigile che regola il traffico o, come suggerito dal Morris *"come la bacchetta nelle mani di un direttore d'orchestra"*.

Presi singolarmente, ignorandone il significato, possono sembrare di volta in volta dei gesti bizzarri, stravaganti, insensati, buffi o addirittura irritanti. Così come dietro ogni singola linea, una pennellata di colore, un cenno della mano del direttore d'orchestra si cela, meglio si evidenzia, un particolare che unito al resto dà vita rispettivamente ad un disegno architettonico, ad un'opera d'arte figurativa o musicale, il movimento delle mani durante una delle fasi sopra citate svolge il medesimo ruolo nella costruzione del discorso non verbale.

La limitazione del libero movimento di mani e braccia riduce il potenziale di immagini del nostro cervello.

Una serie di studi condotti negli anni ottanta da Rimè, Schiaratura, Hupet e Ghysselinck ha dimostrato come mani e braccia legate o altrimenti immobilizzate fungano da *"fattore inibitore nella produzione di immagini nel nostro cervello, causando così la conseguente diminuzione del potenziale verbale individuale"*. I gesti regolano la comunicazione con gli altri e sono di fondamentale importanza nella trasmissione di informazioni nell'interazione faccia a faccia. Questo avviene soltanto in misura parziale in presenza di un interlocutore scarsamente visibile o interamente coperto alla nostra vista, ad esempio, quando si trova dietro un muro, una porta chiusa o accostata, nella stanza accanto, mentre parla dall'altro capo del telefono, sopra un balcone celato alla nostra vista. In altre parole, se di una persona siamo in grado di percepire soltanto la voce, la trasmissione di informazioni verbali risulta compromessa o ridotta e il verificarsi di sovrapposizioni di parole o frasi, ripetizioni, intervalli temporali ne sono la diretta conseguenza.
Nell'interazione verbale il gesto svolge funzioni fondamentali, quali approfondimento, accentuazione e regolazione del discorso. L'assenza di questi elementi, come prospettato negli esempi sopra citati, produce effetti inibitori ai fini della comunicazione verbale o della trasmissione della parola.

Classificazione e tipologia dei gesti

I gesti sono di vario tipo e sono stati definiti: deittici, iconici, baton, simbolici o emblematici.

I gesti *deittici*[3] vengono prodotti con l'indice o con la mano che mostra il palmo aperto.

I gesti *iconici* (dal greco eikón/immagine) riproducono nell'aria forme o movimenti di persone, animali, oggetti.

I gesti *baton* o batonici (dal francese: báton/bastone, bacchetta) vengono prodotti tramite il movimento delle mani dall'alto in basso al fine di conferire maggiore accento ed enfasi a determinate sillabe di una frase.

Vi sono infine i gesti *simbolici*, detti anche *emblematici* o *emblemi*, che sono i gesti presenti in questo volume, vale a dire tutti quei gesti appartenenti ad un preciso contesto culturale, il cui significato trova equivalenti espressioni verbali in singole parole o frasi, culturalmente condivisi.

Esempio di alcuni deittici italiani sono contenuti nella seguente frase: *io domani* passo *qui* da *te*.
Le parole in grassetto corrispondono alle seguenti componenti del discorso: colui che parla, il pronome (io), colui che ascolta (te), quando ha luogo l'azione, l'avverbio di tempo (domani), dove si svolge l'azione, l'avverbio di luogo (qui).

Nel 1969, Ekman e Friesen diedero una prima classificazione a vari tipi di gesti. Il criterio da loro adottato mirava a studiarne gli usi, le origini e la codificazione. Loro stabilirono cinque distinte categorie di gesti:

emblemi
illustratori
indicatori di stati emotivi
regolatori
adattatori

---

[3] Il termine "deittici" indica un insieme eterogeneo di forme linguistiche – avverbi, pronomi, verbi – per interpretare le quali occorre necessariamente fare riferimento ad alcune componenti della situazione in cui sono prodotti. I deittici coinvolgono quindi due realtà diverse: "una realtà linguistica, interna alle frasi, e una extralinguistica, esterna alle frasi." (Lyons 1977;Vanelli 1992; Vanelli&Renzi 1995); Treccani, Enciclopedia dell'Italiano.

I. Emblemi

Si tratta di segnali trasmessi intenzionalmente a cui equivale una (o più) precisa espressione verbale, il cui significato è conosciuto e condiviso all'interno di un determinato gruppo etnico, una categoria sociale, professionale o subculturale. Questo tipo di gesto può accompagnare, sostituire, contraddire, sottolineare e, laddove richiesto, ripetere l'espressione verbale. In questo volume vengono presentati numerosissimi emblemi, ad esempio, i gesti: " Ho fame!", "Andiamo!", "Ciao!"," Arrivederci!"ecc. Essi non vengono impiegati soltanto durante un discorso verbale o per richiamare l'attenzione dell'interlocutore, ma espletano una funzione di enorme praticità in tutte quelle circostanze in cui la comunicazione verbale risulti difficile o impossibile, ad esempio per la presenza di grandi folle, rumore, distanza fisica.

Come precedentemente accennato l'uso e la comprensione di questi gesti è ad esclusivo appannaggio di determinati gruppi e sono, maggiormente, incomprensibili o causa di fraintendimento per tutti gli altri. La produzione di questi segni non mira obbligatoriamente alla mimica di un oggetto o di un comportamento universalmente codificato, il loro significato è pertanto subordinato al previo apprendimento. E questo è uno degli obbiettivi principali di questo volume.

II. Illustratori

Come suggerisce il nome si tratta di tutti quei gesti volutamente emessi mentre si parla, finalizzati ad illustrare il linguaggio verbale. Questi gesti dal significato codificato sono patrimonio condiviso di un determinato gruppo socio culturale e la loro comprensione è vincolata all'apprendimento.
Strettamente legati al parlato, svolgono funzioni di ripetizione, rafforzamento, contraddizione e sostituzione del parlato.

Ekman e Friesen hanno individuato alcune distinte funzioni di questo tipo di gesti ed hanno suddiviso gli illustratori in: *batons, ideografici, deittici, pittografici, cinetografici.*

III. Baton (francese: bastone/la bacchetta del dirigente d'orchestra)

La loro codificazione si basa su criteri intrinsici/estrinsici. La codificazione intrinseca di un gesto non equivale al suo significato ma è esso stesso un significante. La codificazione estrinseca di un gesto invece rimanda ad una codificazione arbitraria o iconica. Gli illustratori deittici svolgono funzioni dimostrative o di rimando e vanno considerati quindi intrinsecamente codificati. Gli illustratori batons e ideografici sono regolati da un codice ritmico-iconico. Il loro significato è strettamente vincolato al parlato, senza il quale non esprimono nessuna informazione. Gli illustratori pittografici e cinetografici vanno definiti anch'essi iconici, le immagini ed i movimenti sono simili ai significanti ma non li sostituiscono. (Ekman/Friesen, 1981:77f)

IV. Indicatori (di stati emotivi)

Sono movimenti emessi quasi essenzialmente dal viso. Essendo però espressioni di emozioni possono senz'altro essere prodotti anche con altre parti del corpo, ad esempio: la gioia può essere espressa anche alzando le braccia con le mani unite sopra la testa; l'ira mostrando i pugni, ecc. Questi gesti prevedono l'impiego di determinati muscoli facciali ed in genere si tratta di gesti universalmente diffusi e compresi. Pur ipotizzando la validità universale dei movimenti dei muscoli facciali quali espressione di stati emotivi, oltre alle già citate gioia, ira, nausea, tristezza, sorpresa, delusione, è necessario considerare la diversità delle cause scatenanti, le regole che fissano i parametri comportamentali, la reazione e il comportamento dei singoli individui appartenenti alle differenti aree etnico-culturali.

V. Regolatori

Questi gesti svolgono una fondamentale funzione "tattica" ai fini comunicativi fra due o più individui. Essi infatti regolano il flusso indisturbato della comunicazione, evidenziano i turni attivi degli interlocutori, vale a dire il momento di passare la parola e delle interruzioni. In comune con i *batons* presentano la stessa stretta correzionalità con il parlato pur non sottolineando alcun elemento specifico. La loro funzione è riferita espressamente al buon andamento del discorso. Tipici gesti regolatori sono i movimenti della testa, mani, braccia, spostamenti del corpo rispetto al proprio asse, ecc. L'esecuzione di questi gesti avviene solitamente in modo istintivo, inconsapevole, anche se possono essere senz'altro ripetuti in caso di richiesta.

I regolatori sono stati suddivisi in cosiddetti: *points, positions, presentations*. Il *point* (punto) potrebbe essere il movimento della mano che indica all'interlocutore che tocca adesso a lui prendere la parola, mette quindi un punto al suo intervento verbale esattamente come si mette un punto alla fine di una frase. La *position*, è la somma di diversi *points* e quindi di una serie di frasi (periodo) con cui si indica la conclusione di un ragionamento, l'esposizione di un fatto, un comportamento, proprio come la chiusura di un periodo grammaticale, per esempio assumendo una nuova postura del corpo, allontanandosi o avvicinandosi, insomma assumendo una posizione differente rispetto a quella tenuta in precedenza. La *presentation* è la somma di tutte le posizioni assunte: *points e positions* insieme. (Ekman/Friesen)

Riassumendo:
i gesti biologicamente codificati sono compresi da tutti indipendentemente dalla cultura d'origine, mentre la comprensione dei gesti culturalmente codificati è soggetta al previo apprendimento ed ha una delimitata diffusione territoriale.

I gesti culturalmente codificati sono prodotti in modo consapevole con un precisa intenzione comunicativa e vengono definiti *gesti consci*. Siamo in grado di ricordarli e, se richiesto, di replicarli senza alcuna difficoltà.

Con i gesti batonici invece accade l'esatto opposto. Il parlante muovendo le mani dall'alto in basso e viceversa intende conferire maggiore enfasi al proprio discorso, accentuando con i suoi movimenti le singole sillabe di una parola. Questi segnali vengono definiti *gesti taciti* perché, pur essendo ben visibili non vengono percepiti da chi li compie. In genere i gesti simbolici vengono compiuti in modo consapevole. Sussistono però particolari situazioni in cui l'esibizione consapevole di un determinato gesto simbolico viene evitato, ad esempio in uno stato di sudditanza gerarchica o psicologica, per convenienza o vigliaccheria, oppure ogni volta che facciamo buon viso a cattivo gioco.

Possiamo simulare, tacere o mentire, ma il nostro corpo non mente mai! Ed è in queste situazioni che si ricorre ai gesti simbolici inconsci.

Ad ognuno di noi è accaduto di assistere a scene in cui qualcuno abbia fatto inconsapevolmente ricorso all'esibizione più o meno celata di un gesto simbolico inconscio, come ad esempio le corna scaramantiche per allontanare un male o un pericolo oppure portarsi le mani alla gola per manifestare la propria avversione o saturazione verso qualcuno o qualcosa.

Una lingua per essere considerata tale deve possedere un lessico ed una sintassi. Il lessico è un sistema articolato di parole mentre la sintassi è un sistema di regole che rende possibile di combinare le singole parole e quindi la formazione di frasi.

I gesti simbolici italiani posseggono un lessico ma non una sintassi e quindi non possono essere elevati al rango di lingua nell'accezione sopra espressa.

Tramite il gesto però si può esprimere sia una singola parola che una frase. Ad es.: la mano a taglio che batte sulla palma dell'altra mano può significare "vattene!" oppure "io me ne vado". Battere la mano a taglio all'altezza dello stomaco invece equivale a "fame" oppure "devo ancora mangiare".

I gesti che esprimono una frase intera, detti anche *gesti olofrastici*, secondo le intenzioni comunicative di colui che li compie, possono esprimere

- *un giudizio positivo*, indice e pollice uniti a forma di anello mentre le altre dita sono tese "fatto a regola d'arte!", "perfetto!"
- *una minaccia*, "ti faccio un affare così!" indici e pollici ricurvi formano due semicerchi, le restanti dita convergono verso il palmo delle mani che oscillano verso l'interlocutore
- *una domanda*, "che dici?" mano a borsa agitata una o più volte verso l'interlocutore
- *un ordine*, "vieni qui!" scatto repentino della mano dall'alto in basso con l'indice teso e lo sguardo fisso verso l'interlocutore.

Gesti regionali

In questo volume vengono presentati alcune varianti e specificità regionali dei gesti: Campania e Sicilia.
Come già affermato in precedenza, alcune regioni geografiche sono decisamente più "gestuali" di altre. La diffusione del linguaggio gestuale nel meridione d'Italia è maggiore rispetto alle regioni del settentrione. Un uso limitato della gesticolazione viene rilevato anche in Sardegna, soprattutto nelle sue zone interne, e non soltanto nella comunicazione quotidiana ma anche nell'esecuzione di balli e danze tradizionali, dove movimenti del corpo e mimica facciale sono contrassegnati da compostezza e rigidità.
Un'ulteriore differenziazione viene fatta risalire alle differenze latitudinali e alla densità demografica: lungo le coste e in città popolose si assiste ad un maggiore impiego del gesto rispetto alle zone montuose abitate da un numero inferiore di persone.

Tale tesi viene confortata dalle conclusioni a cui giunge Adam Kendon, secondo il quale, ad esempio, la propensione gesticolatoria dei Napoletani risalirebbe appunto alla consuetudine mediterranea di vivere all'aperto, in città e luoghi in cui da sempre si conta una notevole concentrazione demografica, come nel caso della città di Napoli e dintorni.

Similmente alla lingua parlata anche i gesti subiscono trasformazioni espressive che, per alcuni aspetti, potrebbero essere paragonati alle differenze che intercorrono fra lingua standard e dialetti locali. Esattamente come la lingua parlata anche la lingua gestuale può assumere forme e significati localmente diversi ed incomprensibili ad individui di altre regioni: il dialetto dei gesti. Un esempio potrebbe essere la richiesta di discrezione e la complicità a non rivelare un segreto tramite la contrazione delle labbra del tipico gesto napoletano "aum, aum" oppure lo scatto dell'indice che da sotto gli incisivi viene catapultato verso l'esterno della bocca per esprimere la mancanza di qualcosa "non ho niente" oppure il rifiuto di una ricompensa economica "non ho preso una lira/non prenderai niente" oppure ancora l'indice teso puntato sotto il palmo dell'altra mano "qui non ci piove".

Innumerevoli altri gesti assumono localmente significati diversi dal loro significato comunemente condiviso. Lo scatto della mano sotto il mento verso l'esterno, ad esempio, significa "non mi interessa!" in alcune zone del meridione ed a Napoli ovviamente può essere anche un secco "no!"; la benedizione impartita dal sacerdote ai suoi fedeli con l'indice e il medio tesi che disegnano una croce nell'aria, in molte zone d'Italia comunica la morte di qualcuno "è morto!", in alcune zone meridionali invece la stessa forma della mano con l'indice e il medio annunciano ugualmente il decesso di un individuo ma in questa variante l'indice ed il pollice si avvitano verso l'alto; a Napoli e dintorni l'atto di avvitamento viene eseguito soltanto dall'indice.

Il Gesto e Napoli

"Evvi cosa mai più visibile, più comune e più semplice del gesticolare dell'uomo? Eppure quanto poco si riconosce di esso!" (Andrea De Jorio)

Lo scrittore napoletano Luciano De Crescenzo affermava di sé e dei napoletani, non senza una punta di giustificato orgoglio, di essere *"figlio di gente antica"* e sono certo che tramite tale definizione intendesse anche la lingua dei segni del corpo di questo popolo. La gestualità viene ritenuta da secoli una delle caratteristiche più appariscenti nel modo di esprimersi dei napoletani.

Lo studioso inglese Dilwyn Knox[4], citato da Adam Kendon in una sua relazione tenuta a Napoli nel 2005, sostiene che in un manoscritto risalente al 1500 ritrovato in Germania viene documentata la specifica attitudine degli italiani del sud alla gesticolazione.

In un suo trattato del 1700 avente per oggetto i dialetti Ferdinando Galiani riporta la propensione dei napoletani ad esprimersi *"ricorrendo in modo spettacolare all'impiego del corpo e della modulazione della voce"*. La gesticolazione dei napoletani oltre ad essere conosciuta in tutta Europa era una delle attrazioni che i viaggiatori inglesi, francesi e soprattutto tedeschi non intendevano affatto perdersi durante i loro viaggi in Italia. Oltre alle mete archeologiche, come gli scavi di Pompei, Ercolano, i musei, il Vesuvio e le bellezze della Costiera Amalfitana, i viaggiatori del Gran Tour erano incuriositi dalla gesticolazione dei partenopei. In alcuni quartieri di Napoli venivano organizzate delle vere e proprie visite guidate con lo scopo di ammirare "dal vivo" i suoi abitanti mentre parlavano e gesticolavano lungo le strade e nelle piazze. Nel Settecento ed in misura ancor maggiore nell'Ottocento, gli usi e i costumi degli abitanti della città, da gradite curiosità si trasformano in oggetto di studio. Tra i visitatori stranieri l'interesse per questo modo di comunicare era talmente sentito che a Napoli si diede inizio alla produzione di stampe illustrate, i cosiddetti *"muti parlanti napoletani"* che raffiguravano scene di vita quotidiana degli abitanti che comunicavano ricorrendo all'uso della gesticolazione. Tali stampe si potevano acquistare ovunque in città e divennero una sorta di souvenir da portarsi a casa come testimonianza di un modo estetico di esprimersi.

Quando si parla di gesti e Napoli è obbligatorio soffermarsi su Andrea De Jorio, un autorevole studioso a cui va il merito di aver realizzato uno dei primi volumi interamente dedicato all'argomento dal titolo *"La mimica degli antichi investigata nel gestire napoletano"* apparso a Napoli nel 1832. De Jorio nasce a Procida nel 1769, studioso di arte antica, vive e opera a Napoli in un'epoca in cui la città era una metropoli di respiro internazionale, una capitale europea paragonabile a Londra e Parigi. Tale privilegiato status lo porta a stringere contatti con i maggiori studiosi europei del suo tempo.

[4] Dilwyn Knox ha il merito di aver contribuito in modo determinante a decifrare i segnali radio codificati trasmessi dai nazisti tedeschi durante il secondo conflitto mondiale, contribuendo in questo modo al successo degli alleati nella risoluzione finale della seconda guerra mondiale.

L'archeologia è uno dei suoi campi di studio ed è proprio questa disciplina, stimolato dai recenti scavi di Pompei ed Ercolano, che lo indirizza allo studio dei motivi pittorici e dell'arte figurativa classica. Una delle maggiori difficoltà con cui erano chiamati a cimentarsi gli studiosi dell'epoca era rappresentata dalla enigmicità presentata, ad esempio, dalle raffigurazioni presenti sui vasi e dagli elementi decorativi delle tombe dell'antichità greco-romana.

L'approccio di De Jorio alla risoluzione del problema si basava sull'osservazione e sull'analisi del significato del linguaggio gestuale dei napoletani nella vita quotidiana. Lo studioso si convinse che tramite il *"gestire"* del popolo si sarebbe potuto risalire alla decifrazione e quindi ad una corretta interpretazione semantica delle antiche raffigurazioni classiche, resa estremamente difficile dalla enorme distanza temporale rispetto alle origini classiche.

Il ragionamento seguito dal De Jorio partiva dal presupposto che essendo i napoletani discendenti della greca Partenope, poi Napoli (Nea Polis: Città Nuova) fossero a pieno titolo i depositari di tale cultura, anche nella loro espressività gestuale. Studiando quindi i gesti dei napoletani dell'Ottocento e ponendoli a confronto con le raffigurazioni classiche riprodotte su vasi, mosaici e affreschi si sarebbe potuti giungere ad un'analogia di significati che avrebbe permesso poi una corretta lettura semantica degli antichi motivi greci. In sintesi: la comprensione del gesticolare dei napoletani sarebbe stato un utile strumento per procedere ad una corretta lettura delle scene riprodotte sui reperti classici. Allo stato attuale questa ipotesi di lettura risulta superata, ma all'autore va riconosciuto il grande merito di averci tramandato un prezioso lavoro di ricerca sulla gestualità partenopea e di conseguenza italiana.
Per facilitare la corretta interpretazione degli antichi gesti greci pubblicò un volume intitolato "La mimica", per la cui realizzazione dovette procedere ad un attento e approfondito studio della *"gesticolazione"* quotidiana dei suoi concittadini. Ne conseguì un documento di inestimabile valore sia per la copiosità dei gesti sia per la ricchezza di particolari che a distanza di quasi duecento anni ci illustra quanto il gesto fosse diffuso e integrato nell'interazione quotidiana dei napoletani di quell'epoca.

Come già accennato nelle pagine precedenti, la traccia seguita dal De Jorio, secondo cui per comprendere i gesti antichi sarebbe bastato lo studio dei gesti moderni, ha perso la sua validità. Va ricordato però che questa tesi era assolutamente accettata e condivisa ai tempi in cui è vissuto l'autore. Fattori ambientali, culturali, storici, economici, sociali, la cesura temporale e quant'altro fanno mutare sia la lingua parlata così come altre forme di comunicazione, tra cui ovviamente il linguaggio non verbale. Resta però invariabilmente valido il principio da lui ampiamente seguito e cioè che *"per comprendere fino in fondo il significato del gesto è necessario conoscere e capire il contesto geoculturale in cui esso si manifesta".*

Le ricerche di De Jorio sono articolate e acribiche e lo portano a prendere in considerazione le categorie sociali della società napoletana del suo tempo, il suo metodo di ricerca equivale a ciò che oggi viene definito studio etnografico. Non desti dunque stupore che gli venga attribuita la seguente citazione: *"per conoscere i costumi degli antichi ho visitato le botteghe dei nostri artigiani, ho seguito le nostre lavandaie sulle rive dei fiumi, i nostri vendemmiatori nei vigneti, i nostri pescatori in mare..."*

Un ulteriore motivo che lo spinse a realizzare la sua opera era costituito anche dal giustificato timore che la grande mole dei gesti in uso potesse ridimensionarsi, mutare o scomparire nel tempo; cosa che si è verificata nel corso dei secoli, cosi come accade con il lessico della lingua parlata e scritta.

La validità dell'intuizione di De Jorio oggi ha perso la sua efficacia, ma a questo illustre studioso va attribuito il grandissimo merito di aver dato vita, per caso, alla nascita di una nuova disciplina scientifica: *l'etnografia del gesto.* È stato il primo a fornire una analisi moderna e dettagliata del linguaggio gestuale presente in un preciso contesto geoculturale, fornendo intenzionalmente la prova della non universalità del gesto. Stiamo parlando ovviamente dei gesti codificati diffusi (usati e compresi) in un determinato territorio. Ulteriori esempi di gesti organizzati in codici sono il linguaggio dei sordomuti (ASL: American Sign Language), i linguaggi gestuali di vari ordini monacensi (Cistercensi, Clunicensi, Trappisti, Gesuiti, ecc) presso i quali vige l'osservanza del silenzio in alcuni orari della giornata. Naturalmente tale regola non ostacola affatto la loro comunicazione che prosegue senza alcuna inibizione tramite il linguaggio gestuale. È curiosa la similitudine di metafore ed ossimori conferite a queste consuetudini monastiche che Cassiodoro, coniò già nel VI a.C. per definire le circostanze indotte dall'arte del mimo: *silentium, expositio tacita, clamosium, linguosi digiti, loquacissimae manus*.

A tale proposito va ricordato la presenza del linguaggio gestuale e mimico presente nelle varie espressioni artistiche a cui autori di ogni epoca hanno fatto ricorso nel corso dei secoli. Un esempio memorabile ci viene dato dal Cenacolo di Leonardo da Vinci nel monastero benedettino di S. Maria Delle Grazie a Milano. L'affresco era collocato nel refettorio dei monaci Benedettini, i quali erano tenuti all'osservazione della regola del silenzio non soltanto durante i pasti. È sufficiente un semplice sguardo per constatare l'enorme mole di gesti, posture e mimiche degli apostoli durante l'ultima cena. Per la realizzazione dell'opera, come riportato da Goethe, Leonardo ha tratto senz'altro ispirazione dall'osservazione quotidiana della comunicazione gestuale dei religiosi che gli circolavano intorno durante lo svolgimento dei lavori, quei gesti:

"...tramite i quali Leonardo animò principalmente questo quadro: è il movimento delle mani; cosa questa che soltanto un italiano poteva trovare. Nella sua nazione il corpo intero è pieno di spirito, tutte le membra partecipano ad ogni espressione del sentimento, della passione, persino del pensiero".(Goethe, Cenacolo, Leonardo da Vinci)[5]

Il senso di un gesto è dato dall'opposizione ad esso di determinati tratti espressivi, posture e di come la sua comprensione sia circoscritta ad un limitato contesto geoculturale.
Il merito e la modernità del testo di De Jorio consiste anche nell'aver anticipato questi basilari principi regolatori del linguaggio gestuale: per capire un gesto bisogna conoscere l'ambiente in cui esso viene fatto. Il suo libro comprende una serie di tavole illustrate che ritraggono alcune scene di vita quotidiana della Napoli dell'Ottocento appositamente per mostrare alcuni dei gesti praticati nella vita quotidiana e per dimostrare il metodo interpretativo da lui perseguito.

---

[5] *„... wodurch Leonardo dieses Bild hauptsächlich belebte: Es ist die Bewegung der Hände; dies konnte aber auch nur ein Italiener finden. Bei seiner Nation ist der ganze Körper geistreich, alle Glieder nehmen teil an jedem Ausdruck des Gefühls, der Leidenschaft, ja des Gedankens ..." (Goethe/Abendmahl)*

A tale proposito commissiona all'artista napoletano Saverio Della Gatta una serie di tavole su cui sono rappresentati squarci di vita quotidiana della Napoli della prima metà del XVIII secolo.

Tavola dal libro "La Mimica" di A. De Jorio, © chiswickauctions.co.uk

Questa tavola mostra una sposa, la prima donna a sinistra, durante la sua prima visita nella casa di suo marito accompagnata sottobraccio da una paraninfa, o se preferite assistente di nozze, la quale indica alla suocera i tratti graziosi del viso e la bellezza della sposa (pollice e indice ricurvi circoscrivono il mento). La suocera risponde al saluto e con una mano discosta leggermente la propria gonna dal proprio corpo come auspicio di una prossima gravidanza mentre esibisce l'altra mano verso la sposa esibendo il gesto *mani in fica* come invocazione di fertilità. Accanto al tavolo, posto direttamente dietro la suocera, suo marito chiede ad un uomo seduto, forse un amico, se vuole bere qualcosa, il quale però replica che preferirebbe piuttosto mettere qualcosa sotto i denti con l'apposito gesto che indica *mangiare, avere fame*. Sull'uscio di casa sul lato sinistro del disegno si vede una persona in piedi che sorride, sembra soddisfatto dall'avvenenza della sposa, certamente un membro della famiglia dello sposo che con una mano indica la sposa a qualcuno che evidentemente si trova all'esterno della casa mentre con l'altra mano esibisce la *mano cornuta*, quale segno scaramantico e protettivo per tenere alla larga il malocchio. Questa figura presenta forti analogie con una famosa figura raffigurata in un affresco romano di Ercolano, in cui un individuo con il viso coperto da una maschera si indirizza verso una donna, (stando all'interpretazione data dal De Jorio si copre la bocca per nasconderne il sorriso) mentre una seconda donna alle sue spalle la spinge verso la persona con la mano cornuta avvicinandola agli effetti benefici delle corna di cui è destinataria. È evidente come l'artista abbia realizzato la tavola seguendo precise indicazioni dettate dal De Jorio a dimostrazione di come gli antichi gesti siano ancora presenti e pertettamente inseriti nel linguaggio dei gesti.(Kendon)

Kendon sostiene, ed in questo volume se ne fa più volte cenno, che la teoria di De Jorio secondo la quale sarebbe possibile interpretare le scene gestuali classiche tramite la semplice applicazione delle conoscenze dei gesti odierni è oramai superata; ricordiamo però che lo era nel XIX secolo. È innegabile tuttavia il fatto che alcuni gesti siano stati tramandati sino ad oggi mantenendo invariato il proprio significato originario. Questa ipotesi trova supporto, sempre secondo Kendon, anche tramite il gesto con cui si esprime un netto rifiuto *No!* la testa viene spinta all'indietro, le sopracciglia si inarcano, gli occhi si chiudono e si emana uno schiocco con la lingua. Questo gesto è presente ancora oggi in Grecia e in Turchia e in molti altri territori arabi del mediterraneo. Ancora agli inizi degli anni cinquanta in Italia era diffuso prevalentemente nel meridione e soltanto in seguito alla immigrazione interna da sud verso il centro-nord è stato esportato anche nel resto del paese. L'attuale diffusione nelle menzionate zone del mediterraneo, e non in Italia settentrionale, ad esempio, nonché il mantenimento del suo significato originario potrebbero rappresentare un valido indizio, se non una conferma, di come questo gesto vada ricondotto proprio a quelle regioni geografiche appartenenti un tempo all'Antica Grecia o comunque fortemente influenzate dalla sua cultura.

CORPO E SPAZIO

Il rapporto generato da ogni interazione viene definito, anche, dalla collocazione che il corpo assume nello spazio ad esso circostante.
Nel suo trattato sullo studio dello spazio *„La dimensione nascosta"*, Edward T. Hall afferma che ogni essere umano, indipendentemente dal sesso e dall'età, è collocato in uno spazio ben definito, detto Prossemica (dall'inglese *proximity*: prossimità, vicinanza). Allo spazio che il nostro corpo occupa in modo visibile nella sua estensione strutturale va aggiunto un ulteriore spazio invisibile che andiamo ad occupare ed entro il quale interagiamo con le altre persone, detto spazio personale.

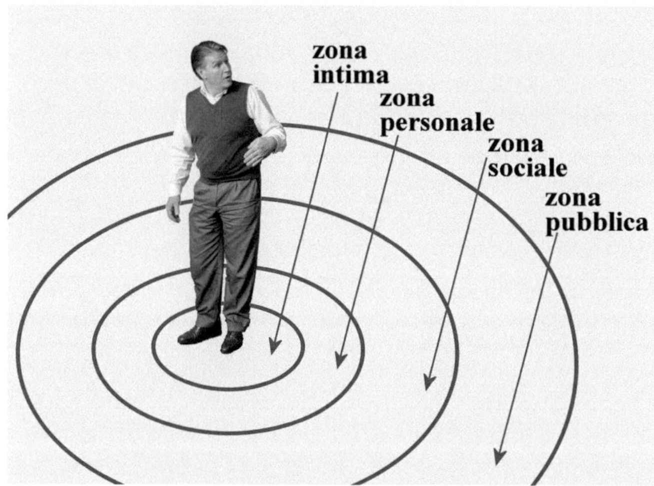

Hall suddivide tale spazio a sua volta in quattro zone o sfere concentriche ben distinte che circondano il nostro corpo:

- zona affettiva/intima
- zona personale
- zona sociale
- zona pubblica

La zona affettiva o intima è la distanza che intercorre tra il gomito piegato davanti al corpo e la linea che traccia l'avambraccio disteso fino alla mano (15-45 cm circa). La comunicazione all'interno di questa zona si contraddistingue per la sua intimità ed è determinata da un contatto visivo ravvicinato, contatto fisico, abbraccio, carezze, ecc. Stando così vicino, il viso viene esposto e sottoposto ad una attenta osservazione e al controllo da parte della persona che abbiamo davanti. A questa distanza si parla a voce bassa, il naso appare più largo, si percepiscono la respirazione ed il calore del corpo, gli occhi osservano molto attentamente, lo sguardo arriva direttamente al cuore e nei meandri più profondi e nascosti dell'anima. Se l'invisibile, cioè l'anima, si rivela attraverso gli occhi, la bocca ci permette di sentirne il respiro, sentiamo il fruscio del respiro leggero, pesante, l'affanno e il singhiozzo. Possiamo osservare il comprimersi delle labbra che manifestano rifiuto mentre le mordiamo quando siamo insicuri, intimoriti o disperati. Percepiamo nettamente l'improvvisa trasformazione dei tratti somatici che, a seconda delle circostanze, indicano gioia, ira, serenità, ansia, timore, paura, cogliamo la presenza di nei, le malformazioni cutanee, le rughe. La collocazione nella zona intima ci mette al riparo da eventuali attacchi esterni; infatti per sferrare un colpo contro il nostro corpo, il potenziale aggressore sarebbe obbligato a fuoriuscire dal perimetro della zona intima. La penetrazione di questo spazio da parte di estranei provoca irrigidimento o allontanamento. Alcune tribù nomadi africane, invece, comunicano esclusivamente all'interno della zona affettiva al fine di riconoscere all'istante le intenzioni bellicose o pacifiche di persone estranee. Altrettanto avviene presso arabi e africani di colore.

La zona personale (45-75 cm circa) è la distanza che intercorre tra il corpo e il braccio disteso fino alla punta delle dita della mano. A questa distanza gli occhi fissano un punto solo per mantenere l'immagine, scorgiamo la sporgenza del naso rispetto al volto, le orecchie si allontanano, il volume della voce è moderato, la temperatura del corpo non viene percepita. È la zona che permettiamo di valicare soltanto a quelle persone con le quali intratteniamo un rapporto di parentela, amicizia, ma anche colleghi o partner di lavoro di lunga data. I discorsi tenuti a questa distanza possono essere di carattere personale, la mancanza di contatto fisico attenua il coinvolgimento emotivo.

La zona sociale (1,20-2,10 m circa) è la somma ottenuta dalle distanze sopra citate moltiplicata per due, vale a dire di entrambi gli interlocutori. Lo sguardo può volgere da un occhio all'altro e si può inquadrare per intero la figura dell'interlocutore. È la distanza che manteniamo nell'ambito delle relazioni formali e nei contatti sociali del nostro quotidiano.

La zona pubblica (3,60-7,5 m circa) è tutto ciò che si trova oltre la zona sociale. È la distanza che intercorre per es. tra insegnante e studenti, oratore e pubblico, ecc. Nell'ambito di questo settore la comunicazione verbale, ed a maggior ragione quella gestuale, subiscono notevoli modifiche: si parla ad alta voce, le dimensioni della testa appaiono minori, la visibilità dei particolari del viso sono fortemente ridotti o non più visibili. È la zona in cui gli effetti della comunicazione hanno come scopo la "manipolazione" dell'interlocutore. Questa distanza permette di reagire o fuggire di fronte ad una situazione di pericolo o di minaccia.

Tali suddivisioni permettono di comprendere con una certa facilità il tipo di rapporto che intercorre fra due interlocutori: sottraendosi dalla zona affettiva o personale si manifesta il desiderio di mantenere uno spazio a propria disposizione, una sorta di zona franca o distanza di sicurezza. I rapporti intimi o personali rientrano nella sfera personale e richiedono la vicinanza compresa nella zona intima o personale. I rapporti sociali o pubblici necessitano di spazi più grandi come quelli definiti dalla zona sociale/pubblica. In altre parole: l'affetto sta alla vicinanza come la razionalità sta alla distanza. Un particolare importante che potrebbe falsare l'equazione appena prospettata dipende dalla posizione degli interlocutori; vale a dire se stanno in piedi o sono seduti oppure ancora se alternano entrambi le posizioni. L'avvicendamento delle due posizioni implica l'entrata e l'uscita dalla zona affettiva/personale che, mescolandosi, confonde l'esatta valutazione dell'intenzione comunicativa e può facilmente condurre a valutazioni erronee del messaggio trasmesso.

1 - Ciao! Hallo!

Origine: Italia

Espressioni verbali corrispondenti:
Che gioia vederti!
Che piacere incontrarti!

Come si fa il gesto:
Lo scambio di baci sulle guance avviene prima a destra, poi a sinistra. Il bacio dato su una guancia sola viene ritenuto da taluni di maggiore intensità e, forse proprio per questo, gode di maggiore diffusione tra parenti stretti.

Dammi mille baci e poi ancora cento, poi altri mille e poi altri cento, e poi ininterrottamente ancora mille e altri cento ancora [...] chiedeva Catullo all'amata Lesbia.

Spiegazione:
Saluto informale con cui si vuole trasmettere affetto e simpatia. Può essere usato anche con persone che si incontrano per la prima volta o che si conoscono appena. Salutare qualcuno con il bacio significa voler abbattere ogni barriera formale fin dal primo istante, manifestando così la propria apertura o simpatia verso la persona che ci sta di fronte. L'origine di questa parola deriva dal veneziano "sciavo" e significa "schiavo" che a sua volta proviene dal neolatino "*sclavus*", termine usato per definire persone di etnia slava.

Gli schiavi, non di rado, venivano venduti direttamente dalle loro famiglie a mercanti veneziani o arabi ed "esportati" nell'intero bacino mediterraneo. La loro destinazione erano la Spagna musulmana, l'Egitto, l'Asia minore. Anche l'occidente aveva i propri schiavi, nella maggior parte non di religione cattolica, i quali da Venezia venivano smistati nel resto d'Europa.
Salutare con un ciao corrisponderebbe quindi a "Servo Vostro" che trova il suo corrispondente nella forma di saluto "Servus" usata in Austria e in Baviera.

a) In Italia baciarsi sulle guance (due volte) fra donne, tra uomo e donna è ammesso. Il bacio sulle guance tra uomini si usa in situazioni particolari: battesimi, matrimoni, condoglianze. Nel meridione, il bacio sulle guance fra soli uomini è ammesso.
b) In Turchia così come in altre regioni mediorientali il bacio è obbligatorio anche tra giovani maschi.
c) In Giappone, il bacio in pubblico anche tra familiari ed in particolare tra padre e figlio è rigidamente escluso.
d) Nei paesi del centro e nord Europa (Francia esclusa) e in America del nord non è usuale salutarsi con il bacio sulle guance. Largamente diffusa è invece la stretta di mano.

Origine: incerta

Espressioni verbali corrispondenti: Ciao bella! Ehi, sono qui! Salve signora! Buon giorno a tutti! Benvenuti!

Come si fa il gesto:
La mano aperta rivolta verso l'alto con le dita tese viene agitata "a tergicristallo", vale a dire in modo intermittente da destra a sinistra e viceversa.

3 - Che bello rivederti! Schön dich wiederzusehen!

Origine: incerta

Espressioni verbali corrispondenti:
Che piacere incontrarti! Ciao, carissimo! Vieni qua, fatti abbracciare! Da quanto tempo che non ci vediamo! Abbracciamoci!

Come si fa il gesto:
Abbracciarsi

Spiegazione:
Intenso o appena accennato, indistintamente dal sesso e dall'età, l'abbraccio fra due persone è un saluto informale fra amici o buoni conoscenti. Talvolta viene anche praticato tra sconosciuti, maggiormente di sesso femminile, come manifestazione di affetto, simpatia o solidarietà.

4 - Pacca sulla spalla Schulterklopfen

Origine: incerta

Espressioni verbali corrispondenti:

1. Incontro:
   Ciao! Come stai? Come te la passi?
   Come va? Ben arrivato! Bentornato!

2. Congedo:
   Ciao! Ci si vede! Stammi bene!
   Mi raccomando! In gamba!

Come si fa il gesto:
Pacca sulla spalla

Spiegazione:
Un gesto informale per dimostrare amicizia, vicinanza. In casi di particolare difficoltà o bisogno la pacca sulla spalla è manifestazione di profonda partecipazione e solidarietà nei confronti dell'interlocutore.

5 - Piacere!

Origine: Mesopotamia/Grecia/Roma Antica

Espressioni verbali corrispondenti:

Lieto di conoscerLa! Congratulazioni! Complimenti! Buon giorno! Buona sera! ArrivederLa! Arrivederci! Alla prossima volta! Ci vediamo!

Come si fa il gesto:

La mano stringe più o meno vigorosamente quella del nostro interlocutore.

Spiegazione:

La sua origine rimane sostanzialmente ignota. Nell'Antica Roma oltre al cosiddetto "saluto romano" con il braccio alzato e la mano aperta con le dita tese, equivalente dell'odierna stretta di mano, era un saluto eseguito pubblicamente o riservato a persone di rango superiore nonché in uso nella vita militare. Mediante l'esibizione della mano aperta ed il braccio teso si intendeva manifestare, a seconda dei casi e delle circostanze, lealtà, rispetto ed intenti di assoluta innocuità verso l'altro. Era come dire: ecco questa è la mia mano aperta e disarmata, alzando il braccio scopro e metto a nudo le mie parti vitali e rendo impossibile qualsiasi azione di attacco verso di te. Lo stesso valore ha assunto via via la stretta di mano tramite la quale comunichiamo ai nostri interlocutori rispetto e giovialità.

6 - Ti mando un bacio! Ich schick dir einen Kuss!

Origine: Grecia Antica/ Persia/Mesopotamia

Espressioni verbali corrispondenti:
Questo bacio è per te! Ti regalo un bacio!

Come si fa il gesto:
Si bacia la punta dell'indice e si soffia con la bocca in direzione dell'interlocutore.

Spiegazione:
Una dimostrazione di affetto o di ammirazione, il cui destinatario è rappresentato simbolicamente dall'indice.
Presso gli Assiri prima ed i Persiani poi tale gesto costituiva un atto di riverenza nei riguardi di persone appartenenti agli strati sociali più alti. Normalmente era la mano destra ad essere portata alla bocca e dopo aver baciato le punta delle dita si indirizzava il bacio alla persona da riverire. Nell'Antica Roma il bacio veniva eseguito nel medesimo modo ma veniva soffiato verso il destinatario, esattamente come si continua a fare ancora oggi.

7 - Il baciamano **Der Handkuss**

Origine: incerta

Espressioni verbali corrispondenti:

1. Incontro:
   Molto onorato! I miei ossequi!
   Buon giorno! Buona sera! Buona notte!
   Baciamo le mani! (Sicilia) Sua Eminenza!
   (saluto religioso)

2. Congedo:
   Sono molto onorato di averLa conosciuta!
   ArrivederLa! Buon giorno! Buona sera!
   Buona notte!

Come si fa il gesto:
Lieve inchino in avanti, si avvicina la bocca alla mano senza toccarla e si simula un bacio con le labbra.

Spiegazione:
Atto formale di riverenza, ammirazione, rispetto, subordinazione. Il baciamano è soprattutto un gesto galante e cerimonioso con cui un uomo si presenta o si congeda da una donna in contesti ufficiali pubblici o privati. Praticamente estinto nella vita quotidiana, eccetto in alcuni ambienti dell'Italia meridionale in cui tale gesto è talvolta, raramente, usato anche tra uomini come dimostrazione di rispetto. Nella maggior parte dei casi però il saluto è limitato alla formulazione verbale "baciamo le mani" (Sicilia).

Il baciamano è anche un atto di assoluto rispetto e subordinazione verso i capi della mafia.

Il suo uso è rimasto invece invariato in ambito religioso.

Data la sua pomposità questo gesto viene talvolta esibito tra amici in modo ironico o sarcastico.

8 - Ciao, ciao! Arrivederci! Tschüss! Auf Wiedersehen!

Origine: Italia

Espressioni verbali corrispondenti:
A presto! Ci vediamo!
Alla prossima volta! Addio!

Come si fa il gesto:
La mano viene aperta e chiusa più volte per congedarsi da qualcuno che si trova ad una certa distanza da noi, ma anche per es.: dal finestrino di una automobile, di un treno, ecc.

Spiegazione:
Il significato di tale gesto è paragonabile al saluto di congedo eseguito con la mano tesa a "tergicristallo". Il movimento però non è qui un'oscillazione orizzontale perché ora la mano si apre e si chiude ritmicamente dall'alto verso il basso in senso verticale. Il senso da dare a questo gesto è raccolto in una delle molteplici funzioni delle nostre mani: le stringiamo per tenere stretto e le apriamo per liberare qualcosa o qualcuno; aprendo e chiudendo la mano in segno di saluto manifestiamo inconsciamente l'intenzione di voler trattenere con noi la persona che parte, aprendola invece concediamo simbolicamente noi stessi alla persona che si allontana con l'augurio che ci porti, simboli- camente, con sé.

Il De Blasi sostiene che tra i primi gesti che un adulto insegna ad un bambino intorno al primo anno di età, quindi prima che impari a parlare, va annoverato il gesto di "fare ciao". "Prima di essere una parola è un gesto, infatti ai bambini si insegna a *fare ciao* prima ancora di dire *ciao.*"

9 - Io vado via! Ich geh dann!

Origine: Italia

Espressioni verbali corrispondenti:
Io me ne vado! Me ne sto andando! Sto partendo! Taglio la corda!

Come si fa il gesto:
La mano rovescia con il pollice disteso e le altre dita piegate verso il basso, compie un movimento oscillatorio simile all'asta di un orologio a pendolo.

Spiegazione:
Ogni volta che afferriamo o raccogliamo qualcosa lo facciamo aprendo e chiudendo la mano. La mano semichiusa sarebbe il simbolismo suggerito dalle dita ricurve e rappresenterebbe il contenitore, il fardello, il sacco, insomma "il bagaglio" nel quale mettiamo le nostre cose prima di andarcene.

L'oscillazione indica sempre due punti estremi ed opposti e queste diverse direzioni sono le vie che separeranno il gestuante dall'interlocutore. (adattato da"Comme te l'aggia dicere!")

10 - Maledizione! Verflixt!

Origine: Napoli

Espressioni verbali corrispondenti:
Accidenti! Che rabbia! Porca miseria! Mannaggia! Mi mangerei le dita/le mani! Roba da mangiarsi le mani! Roba da mordersi le dita!

Come si fa il gesto:
L'indice teso della mano viene interposto fra i denti possibilmente ben in vista mentre il viso assume l'espressione adirata o rammaricata tipica di colui che ha subito un torto oppure che si è visto sfuggire di mano un'occasione in modo irreversibile. Lo stesso gesto può essere eseguito anche con la mano chiusa a pugno, mordendo soltanto l'indice ricurvo interposto fra i denti.

Spiegazione:

1. Rammarico:
   L'aggressività del mordersi le dita, che insieme al resto della mano simboleggia una delle armi corporee a nostra disposizione predisposte all'attacco o alla difesa contro pericoli esterni, corrisponde ad una forma di autopunizione per essersi fatti sfuggire qualcosa a cui adesso non si può più porre rimedio. Si punisce in questo modo la propria sbadataggine, la superficialità, l'incuranza dimostrata in una determinata circostanza o nei riguardi di una terza persona.

2. Rimprovero:
   In questo caso invece il rimprovero è rivolto verso un'altra persona per un torto ricevuto. La minaccia espressa tramite questo gesto è rappresentata dall'atto di mordere il rivale.

11 - Per carità! Um Gottes willen!

Origine: Italia meridionale

Espressioni verbali corrispondenti:

Per l'amor di Dio/del cielo! Per favore! Ti supplico! Abbi pietà!

Come si fa il gesto:

Gesto di evidente origine cristiana in cui le braccia vengono incrociate sul petto in segno di preghiera o di supplica. Scopo di tale gesto è quello di convincere la persona che abbiamo davanti ad abbandonare i suoi intenti o richieste.

Spiegazione:

La preghiera religiosa così come la supplica in generale sono atti di incondizionata sottomissione dell'essere umano a cui si fa ricorso nei momenti di maggiore bisogno spirituale o materiale. Non è quindi un caso che specialmente nel meridione d'Italia, si possa assistere all'esibizione di questo gesto di supplica sia al cospetto di un santo in chiesa sia durante una processione oppure ancora nei riguardi di una persona; in determinate circostanze, addirittura anche in loro assenza. Questo gesto viene prodotto di sovente aprendo e chiudendo le braccia incrociate sul petto. Incrociare le braccia oltre a riprodurre il simbolo cristiano della croce equivale anche alla rinuncia all'uso delle stesse come arma di offesa. Fa parte del nostro istinto proteggerci dai pericoli facendo ricorso all'impiego automatico di mani e braccia.

Anche un dolore fisico interno o esterno al nostro corpo ci induce istintivamente a proteggere la zona interessata mettendoci una mano sopra. Scoprire il proprio petto, inoltre, è il segnale di resa nei confronti del nostro avversario; cosa questa molto comune anche nel regno animale. Il messaggio che si vuole trasmettere quindi è molto chiaro: sono del tutto indifeso e non covo dentro di me nessuna intenzione di offesa: per carità, per l'amor del cielo, ti prego, smettila di infierire contro di me!

12 - Parentesi chiusa! Klammer zu!

Origine: Napoli, Italia meridionale

Espressioni verbali corrispondenti:
Chiudiamo la parentesi! Tienilo presente! Senti, c'era anche questa cosa! Chiudiamo questo discorso! Così, soltanto a titolo di cronaca!

Come si fa il gesto:
Entrambi gli indici tesi tracciano due semicerchi all'altezza del petto.

Spiegazione:
Nel flusso della lingua scritta si apre e si chiude una parentesi per aggiungere una citazione, una data, o un qualsiasi altro particolare che si ritiene di diretta attinenza con l'argomento che si sta trattando. Può avere funzione di promemoria, di arricchimento e di completamento che inseriamo repentinamente nel flusso del discorso, senza però interrompere il filo dell'esposizione principale in atto. Come dire, ci sarebbe anche questo dato, questo fatto, tale persona da non dimenticare! Insomma una nota che ci aiuta ad inquadrare nella sua completezza l'informazione che vogliamo dare. Esattamente questa è la funzione della parentesi mimata durante una conversazione. Spesso però se ne fa un uso ironico o polemico al fine di conferire alle proprie argomentazioni maggiore enfasi oppure per ricordare un determinato comportamento o fatto da aggiungere a proprio favore durante una disputa verbale. È una puntualizzazione aggiuntiva nel corso di una discussione. In alcuni casi però può anche manifestare la volontà di chiudere il discorso in maniera definitiva: parentesi chiusa! Non lo voglio più sentire! Non ne voglio più parlare!

13 - Tutto a posto! — Alles klar!

Origine: Italia

Espressioni verbali corrispondenti:
Tutto bene! Va bene! Perfetto! OK!

Come si fa il gesto:
L'indice e il pollice uniti formano un cerchio mentre le altre dita restano distese.

Spiegazione:
È l'okay italiano. L'esibizione di questo gesto informale indica piena approvazione verso qualcuno o qualcosa, come, ad. es.: un lavoro ben fatto, un esame riuscito, una storia finita bene. Si usa anche per manifestare pieno apprezzamento verso un cibo, una bevanda, ecc.

Differenze interculturali:
In Brasile e in Russia, il gesto è considerato un insulto volgare, che indica un orifizio del corpo molto privato. In Francia raffigura un insulto rivolto a qualcuno considerato uno 'zero', una persona inutile. Se posto sopra il naso invece sottolinea la ubriachezza. In Giappone è sinonimo di moneta.

In Spagna, in Europa orientale e in alcune zone dell'America Latina tale gesto è considerato molto scortese. Quando negli anni '50 l'allora vice presidente statunitense Nixon visitò il Brasile, una folla di curiosi divenne furiosa dopo che indirizzò loro ciò che considerava un gesto di approvazione. Per quella gente il politico americano stava semplicemente offendendoli con un gesto osceno. Nei paesi arabi fare questo gesto mentre si stringe una mano rappresenta il *malocchio*.

Origine: Italia

Espressioni verbali corrispondenti:
Perfetto! Preciso! È/Era proprio quello che ci vuole/voleva! Fatto a puntino! La cosa giusta al momento giusto! Tutto fatto per filo e per segno! Tutto a posto! Ottimo! Va bene!

Come si fa il gesto:
L'indice e il pollice uniti a forma di anello tracciano senza esitazione un'immaginaria linea retta in senso diagonale o orizzontale all'altezza del torace o dell'addome.

Spiegazione:
Approvazione, pieno apprezzamento, soddisfazione per qualcosa che è stato realizzato nel migliore dei modi: un lavoro, un esame, un discorso, un comportamento, un pranzo, ecc. Il segno che si compie tracciando una linea retta e le espressioni verbali che l'accompagnano: "tutto fatto per filo e per segno, fatto a puntino, fatto a regola d'arte" fanno risalire, secondo alcuni, l'origine di tale gesto alla precisione necessaria nel settore edilizio. Il gesto sembra riprodurre la mano dell'architetto o dell'artista mentre traccia una linea retta sopra una superficie.

L'unione del pollice con l'indice, inoltre, accompagna di sovente il discorso degli italiani, in particolare quando si vuole far presente all'interlocutore che ciò che si sta affermando deve essere seguito con molta attenzione perché si stanno mettendo i puntini sulle "i", vale a dire si sta puntualizzando, si sta accetuando una frase, un concetto, un particolare di estrema importanza ai fini di un'esatta comprensione e interpretazione dell'esposizione verbale. È come se si volesse dire: adesso per favore ascoltami bene e non distrarti, voglio essere preciso su questo punto perché questo che ti dico in questo preciso momento non lasci dubbi o incertezze circa la sua corretta interpretazione.

15 - Perfetto! Perfekt!

Origine: Napoli

Espressioni verbali corrispondenti:
Ottimo! Bellissimo! Preciso! Squisito! Eccellente! E naturalmente l'espressione napoletana *"m'alliscio e baffe! M'alliscio e mustacchi!* (Mi liscio i baffi)

Come si fa il gesto:
L'indice e il pollice mimano l'atto di arricciare la punta di un presunto baffo.

Spiegazione:
Indica che qualcuno o qualcosa ha i baffi, vale a dire non presenta alcun difetto, non gli manca nulla, ha ogni cosa al posto giusto, è perfetto! Il gesto risale alla consuetudine oramai caduta in disuso, a parte singole eccezioni, quando l'estetica maschile imponeva la moda di portare i baffi quale simbolo di spiccata virilità. Naturalmente i baffi dovevano avere una certa forma e lunghezza, in conformità con i gusti vigenti nelle varie epoche. E soprattutto dovevano essere curati. Questo gesto quindi riporta alla cura che un uomo dedicava al suo aspetto esteriore, particolarmente prima di incontrarsi con una donna. Arricciarsi i baffi oggi può anche significare la precisione di un orologio, una persona con i lineamenti del viso e le misure del corpo ben proporzionate, l'eccellenza di un vino, la squisitezza di un dolce, ecc.

16 - Al bacio! Tadellos!

Origine: incerta

Espressioni verbali corrispondenti:
Delizioso! Squisito! Ottimo! Eccellente! È un bel bocconcino!*

Come si fa il gesto:
Si baciano le punte delle dita unite nella mano a borsa, poi si staccano dalle labbra e si aprono a doccia emettendo al tempo stesso il tipico schiocco di un bacio.

Spiegazione:
Normalmente diciamo che qualcosa è "al bacio" commentando la squisitezza di un cibo, l'eccellenza di un vino particolare, ecc. Il nostro apprezzamento non soltanto corrisponde a ciò che pensiamo veramente, ma è la massima espressione di un'opinione personale.

Attenzione!
Se il medesimo gesto è riferito ad una ragazza, allora è come se si dicesse **"è un bel bocconcino!"**, in tal caso si esprime un apprezzamento di chiara allusione erotica dalle tinture decisamente sciovinistiche che potrebbe risultare poco elegante o addirittura offensivo.

17 - Buono! Gut!

Origine: Italia

Espressioni verbali corrispondenti:
Ottimo! Delizioso! Eccellente! Da leccarsi i baffi! È una poesia/delizia!

Come si fa il gesto:
L'indice viene fatto ruotare sulla guancia come la spirale di un bullone nell'atto di avvitamento.

Spiegazione:
Gesto informale esibito per elogiare la squisitezza di un cibo. L'indice che si avvita sulla guancia è una chiara indicazione del luogo, la bocca, dove sono collocate le ghiandole gustative che insieme all'olfatto sono addette alla percezione del sapore di cibi e bevande. Stando all' interpretazione fornita da Desmond Morris, il dito a vite starebbe sempre ad indicare che "la pasta è al dente". Seguendo questa ipotesi, quindi, la presunzione che tale gesto sia di origine meridionale (Napoli, Sicilia) va presa in seria considerazione.

18 - Bella donna! Saporito! Schöne Frau! Schmackhaft!

Origine: Napoli

Espressioni verbali corrispondenti:
Bella donna! Affascinante! Una donna/ragazza da capogiro! Un bel bocconcino! Bella fica/gnocca!**(volgare), Bella guagliona! (Napoli) Saporito!

Come si fa il gesto: Si forma la mano a pugno con l'indice e il pollice uniti. L'indice viene fatto ruotare due o tre volte sulla guancia, imitando il tipico atto dell'avvitamento, dopodiché si portano le punte delle dita sulle labbra che vengono baciate ed infine aperte emettendo, eventualmente, un leggero schiocco.

Spiegazione: Questo atto informale simboleggia l'apprezzamento per qualcosa che si ritiene di particolare bellezza o squisitezza. Nell'accezione odierna è spesso riferito alla bellezza fisica femminile.
L'uso originario era probabilmente riservato soltanto alla squisitezza di una pietanza ed era pertanto un complimento indirizzato al cuoco per la sua bravura.
Il bacio finale sottolinea, e l'apertura delle dita "libera", l'apprezzamento verso la persona, la circostanza o la cosa presa in considerazione.

19 - Che bel visino! | Hübsches Gesicht!

Origine: Antica Grecia/Napoli

Espressioni verbali corrispondenti:
Che bel faccino! Che bei lineamenti del viso! Un bel viso! Che faccino grazioso!

Come si fa il gesto:
Il pollice e l'indice scivolano dalle gote fino alla punta del mento.

Spiegazione:
Il gesto evidenzia i lineamenti regolari, delicati e graziosi del viso. Questo elogio alla perfezione dei tratti somatici facciali risale all'Antica Grecia di cui Napoli era città di notevole importanza. Il riferimento riporta alla ricerca della perfezione nelle rappresentazioni artistiche dell'Antica Grecia. Ancora oggi la bellezza espressa nelle forme e nella grazia delle statue di fattura greca costituiscono un esempio ineguagliabile di perfezione estetica. La forma ovale del volto femminile era ritenuta dagli antichi greci la massima espressione di bellezza e di armonia estetica. Evidenziando i bei lineamenti del viso, il gesto qui trattato ripropone il medesimo concetto di bellezza greca. Esattamente come a Napoli e in vaste zone della penisola, a tremila anni di distanza, tale gesto ha mantenuto lo stesso significato ed è diffuso ancora oggi nella Grecia odierna!

20 - È un dritto! Der ist listig!

Origine: Napoli

Espressioni verbali corrispondenti:
È uno che conta! È uno che vale! È qualcuno! È uno buono! Ci sa fare! È un tipo tosto! *È'na carta 'e tressette!* (dialetto napoletano), *Facciatagghiata* (dialetto siciliano), È un tipo con le palle!** (volgare!)

Come si fa il gesto:
La punta del pollice viene fatta scorrere lungo la guancia dall'orecchio alla bocca come la lama di un pugnale.

Spiegazione:
Con questo gesto si indica una persona scaltra, furba, estrosa, abile, capace di destreggiarsi in ogni situazione e di risolvere qualsiasi inconveniente. Insomma: uno che ci sa fare.
Si suppone che si tratti di un gesto proveniente dal gergo della malavita, in cui gli accoltellamenti erano all'ordine del giorno.
Il pollice fatto scivolare sulla guancia imita infatti proprio la lama di un coltello nell'atto dello sfregio. Le persone di questo ambiente con la faccia sfregiata erano temuti e rispettati e godevano di massima considerazione.
L'espressione "è 'na carta 'e tresette"/è una carta da tressette" inoltre, sembra confermare l'appartenenza di questo gesto al mondo malavitoso, dove in fumose bische clandestine si praticava (e si pratica ancora oggi) il gioco d'azzardo.
Il pollice disteso sarebbe il simbolo dell'asso di bastoni raffigurato nelle carte da gioco napoletane. È risaputo che nel gioco del Tressette l'asso è la carta più importante ai fini del conteggio dei punti. Si pensi anche ai vari simboli e alle funzioni del bastone: arma, simbolo regale e religioso, uno scettro del potere a cui viene direttamente associata la persona con la faccia sfregiata, in cui sfregio però fa rima con pregio. Una carta da tressette quindi è una persona di valore dedita ad attività nebulose o illecite. (adattato da Comme te l'aggia dicere)

Un'ulteriore e più nobile origine dello sfregio risale ai tempi in cui gli uomini regolavano le loro questioni d'onore battendosi a duello, ovviamente all'arma bianca. Anche in questi ambienti la cicatrice sulla guancia era motivo di vanto e rispetto, una sorta di riconoscimento che in qualche caso rappresentava addirittura una pratica di iniziazione virile tra cadetti militari e membri di corporazioni studentesche. Una curiosa coincidenza è che il volto sfregiato fosse un tempo motivo d'orgoglio condiviso da due mondi che si ritenevano diametralmente opposti: nobiltà e malavita.

21 - Non sono mica stupido! Ich bin doch nicht blöd!

Origine: Italia

Espressioni verbali corrispondenti:
Non sono scemo/stupido/fesso! A chi la racconti? A chi vuoi darla a bere?

Come si fa il gesto:
L'indice teso abbassa leggermente la palpebra inferiore. Il viso assume un'espressione seria o ironica.

Spiegazione:
L'occhio vede e vigila, recita un vecchio modo di dire, e l'atto del vigilare è ciò che spinge il gestuante a compiere tale gesto quando si sente sottovalutato, ritenuto ingenuo o facilmente impressionabile. Sembra dire a chi ascolta: attenzione tu hai davanti una persona che non si lascia ingannare e non crede alle frottole che gli si raccontano. In altre circostanze può anche trattarsi di una forma di autoelogio in seguito al successo ottenuto nella

22 - Furbacchione! Schlauberger!

Origine: Italia

Espressioni verbali corrispondenti:
Sei un dritto! Sei un furbo!

Come si fa il gesto:
La punta dell'indice preme leggermente la palpebra inferiore verso il basso.

Spiegazione:
Il medesimo gesto rivolto all'interlocutore lo elogia per la sua scaltrezza.

23 - Mica scemo! Gar nicht dumm!

Origine: Italia

Espressioni verbali corrispondenti:
Un bel dritto quello! Guarda che quello non è per niente fesso!

Come si fa il gesto:
vedi gesto precedente

Spiegazione:
A seconda dei casi, il gesto può essere sia un elogio che un invito ad agire con accortezza nei riguardi di una determinata persona.

24 - Idea! Idee!

Origine: Italia

Espressioni verbali corrispondenti:
Ho un'idea! Mi è venuta un'idea! Colpo di genio! Geniale!

Come si fa il gesto:
L'indice teso viene premuto su un sopracciglio o sopra un lato della testa e poi allontanato spalancando gli occhi.

Spiegazione:
L'indice mostra all'interlocutore la testa, luogo da cui egli presume scaturiscano le idee. Siamo alla ricerca dell'idea giusta per risolvere un determinato problema. Improvvisamente un guizzo di genio trapassa la nostra mente regalandoci l'idea che stavamo cercando.

25 - C'ho scritto giocondo? Steht hier "Vollidiot"?

Origine: Italia

Espressioni verbali corrispondenti:
Ho scritto giocondo in fronte? Mi prendi per scemo?

Come si fa il gesto:
La mano a pugno viene portata all'altezza della fronte, l'indice teso viene fatto scorrere sulla fronte.

Spiegazione:
È il gesto che si fa quando si presume che il nostro interlocutore dubiti della nostra capacità di comprensione rispetto ad un determinato fatto, concetto, meccanismo o comportamento. Talvolta questo gesto viene mostrato all'interlocutore quando si suppone che quest'ultimo stia tentando di farci credere a un fatto non vero o quando ci rendiamo conto di essere oggetto di un raggiro o di una truffa.

26 - Sa come muoversi! | Er weiß, wo es lang geht!

Origine: Italia

Espressioni verbali corrispondenti:
Sa il fatto suo! Sa sbrigarsela da solo! Sa come venirne a capo! Sa come cavarsela!

Come si fa il gesto:
La mano piatta all'altezza del petto si allontana dal corpo con un movimento ondulato seguendo una traiettoria a serpentina.

Spiegazione:
È il gesto che indica come in una situazione ritenuta difficile ci si possa districare facendo ricorso più a doti di abilità che alla forza fisica. Il movimento sinuoso della mano che scivola via compiendo dei movimenti ondulati illustra in maniera abbastanza plastica l'abilità e l'accortezza di qualcuno che sa destreggiarsi in situazioni difficili e contorte, venendone a capo, come ad esempio: il superamento di una prova d'esame, una trattativa difficile, la risoluzione di un conflitto, insomma tutte quelle situazioni in cui è richiesta abilità, prudenza, furbizia, diplomazia, ma anche determinazione, lungimiranza e tenacia.

27 - Gli dai il dito e si prende il braccio! Gib ihm den kleinen Finger...

Origine: Italia

Espressioni verbali corrispondenti:
È un approfittatore!

Come si fa il gesto:
Allungare un braccio tenendo la mano chiusa con l'indice teso, poggiarvi sopra l'indice dell'altra mano per posizionarlo subito dopo sul bicipite del braccio teso.

Spiegazione:
Questo gesto indica il comportamento opportunistico di chi sfrutta senza ritegno i favori altrui al fine di trarne vantaggi personali sempre maggiori. Nella fattispecie il dito teso rappresenta il favore piccolo, il braccio ovviamente il favore più grande.

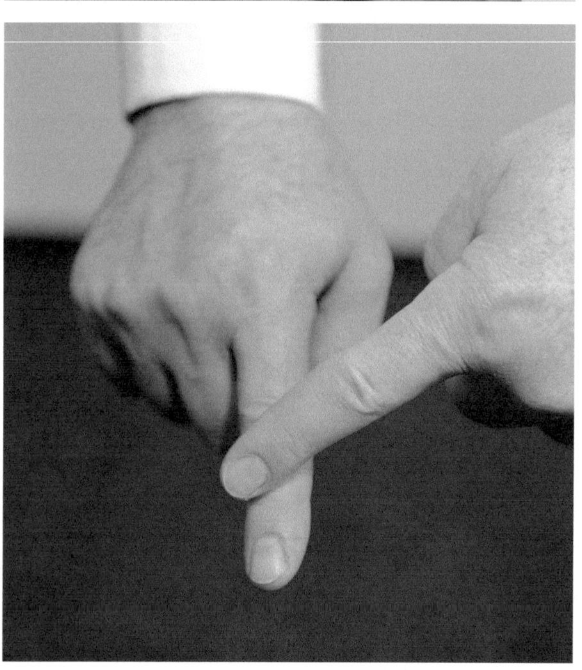

28 - Giuro! Ich schwöre!

Origine: Italia

Espressioni verbali corrispondenti:
Giuro, ci ho fatto/messo una croce sopra!

Come si fa il gesto:
Gli indici incrociati vengono accostati alle labbra e baciati una o più volte.

Spiegazione:
In tribunale si giura sulla Bibbia, in chiesa e talvolta in privato sulla croce che in questo caso viene rappresentata dalle dita incrociate baciate una, due, tre volte; anche alternando gli indici.

29 - Non faccio per vantarmi... Ohne mich rühmen zu wollen...

Origine: Italia

Espressioni verbali corrispondenti:
Modestamente...! Ma che bravo che sono!
Non vorrei sembrare presuntuoso, ma...!
Non vorrei dire...! Ma quanto grande sono!

Come si fa il gesto:
Si soffia con la bocca sulle dita unite che subito dopo vengono strofinate sul petto.

Spiegazione:
Autoelogio, compiacimento verso se stessi o terze persone in seguito ad un successo ottenuto. Il gesto indica l'atto di pulire o lucidare un oggetto; nella fattispecie si tratta della classica medaglia al petto, un'esagerazione carica di retorica quindi che conferisce al gesto una funzione di autoironia.

30 - Non ti dico! | Wenn du wüsstest!

Origine: Italia

Espressioni verbali corrispondenti:
Ottimo! Eccezionale! Fantastico! Incredibile! Roba dell'altro mondo!

Come si fa il gesto:
Si fa roteare l'avambraccio con la mano tesa o le dita leggermente ricurve davanti al corpo.

Spiegazione:
Gesto colloquiale con due significati opposti: approvazione o ironia. Si compie per manifestare approvazione incondizionata o se preferite esagerata nel giudicare le capacità fisiche, mentali, professionali di una persona o la bellezza estetica di un oggetto, la squisitezza di un cibo, il grado di efficienza o di ricchezza di qualcuno, la vincita strepitosa di una gara sportiva, ecc. Trattandosi di un giudizio abbastanza esagerato, il gesto viene spesso usato in modo ironico per indicare l'esatto opposto di quanto appena affermato. Quindi: tutt'altro che bello, squisito, intelligente! Approvazione o ironia vengono dedotte dal contesto, dall'enfasi ed ovviamente dal tono delle interiezioni prodotte mentre si effettua il gesto.

DISAPPROVAZIONE

Missbilligung

31 - Mi sta sullo stomaco!

Das liegt mir im Magen!

Origine: Napoli, Italia meridionale

Espressioni verbali corrispondenti:
Che peso! Uffa!

Come si fa il gesto: Le punte della mano a borsa rivolte verso il basso battono più volte contro la bocca dello stomaco, contemporaneamente la bocca sbuffa.

Spiegazione:
Come il batacchio di un campanello annuncia che l'ora è scoccata, così la mano a borsa batte ritmicamente contro lo stomaco per annunciare la pesantezza di un cibo, la sgradevolezza di una bevanda che ci impediscono la digestione. Pesante, sgradevole, indigesto, esattamente come una persona che riteniamo particolarmente antipatica.
La misura è colma e per non esplodere lasciamo uscire l'aria che ci sta gonfiando e rischia di farci detonare, affinché ciò non avvenga emettiamo simbolicamente degli sbuffi similmente ad una valvola di sfogo di un qualsiasi dispositivo tecnico. Quando ciò accade siamo insofferenti, proviamo avversione e antipatia contro qualcuno o qualcosa.

Lo stomaco, la pancia, l'addome, il fegato sono gli organi addetti alla trasformazione del cibo tramite la digestione e la metabolizzazione. Oltre al detto "siamo ciò che mangiamo" ve ne sono altri che fanno riferimento esplicito agli organi in questione: "mi sta sullo stomaco!" non riesco a digerirlo!". Che cosa ci sta sullo stomaco, cosa non possiamo digerire? Cibo, persone e azioni che non vogliamo metabolizzare, anzi li riteniamo addirittura incompatibili sia con il nostro palato sia con il nostro carattere. Siamo selettivi sia con il cibo che con le persone. Infatti diciamo anche "non mi piace" verso qualcosa che non vogliamo assumere sia per via orale che per via cognitive.

32 - Ma guarda un po' questo! Sieh dir mal den an!

Origine: Napoli

Espressioni verbali corrispondenti:
Ma guarda tu che tipo! Senti tu che roba! Senti questo! Ma tu guarda che razza di elemento è questo! Ma sto' stronzo!** (volgare)

Come si fa il gesto:
Il braccio teso, la mano aperta con il palmo disteso e le dita puntate in avanti indicano l'interlocutore muovendosi dall'alto in basso e viceversa.

Spiegazione:
Gesto di scherno e rifiuto o comunque di notevole allusione ironica che indica la propria avversione nei confronti di una persona ritenuta priva di spessore umano, morale ed etico. La disapprovazione espressa tramite questo gesto è disarmante e scandalosa. Abbiamo sentito cose che le nostre orecchie non credevano possibili, abbiamo visto azioni disgustose. Un gesto che, alzando ed abbassando la mano, misura e delimita non soltanto il profilo fisico ma anche la mancanza di valori umani fondamentali che regolano e determinano la vita di una comunità. Insomma, l'interlocutore è una persona spregevole, da evitare.

33 - Così, così! So lala!

Origine: Italia

Espressioni verbali corrispondenti:
Più o meno. Quasi. Approssimativamente. All'incirca. Insomma. Ci è mancato poco! Per un pelo...!

Come si fa il gesto:
La mano viene fatta oscillare con il rovescio tenuto verso l'alto.

Spiegazione:
È il gesto che esprime un giudizio moderato, non è il massimo ma neanche pessimo, senza infamia e senza lode, medio o mediocre. Se il poeta latino Orazio avesse potuto esprimere la sua "media ocre" visione del mondo tramite un movimento della mano avrebbe scelto forse questo gesto, e chissà che non l'abbia fatto per davvero!

34 - È cambiato da così a così! Er hat sich komplett verändert!

Origine: Italia

Espressioni verbali corrispondenti:
È diventato tutta un'altra persona! È cambiato completamente! È diventato un'altro!

Come si fa il gesto:
Il dorso della mano viene rivoltato di 180 gradi.

Spiegazione:
Indica il cambiamento completo di una determinata persona o di una situazione. Trattandosi in primo luogo di un gesto neutrale, la trasformazione a cui esso allude può essere sia negativa che positiva. Il cambiamento però è sempre diametralmente opposto rispetto a come esso era in precedenza.

35 - Che cosa vuoi? Was willst du?

Origine: Italia

Espressioni verbali corrispondenti:
Ma che stai dicendo? Ma che racconti? Ma quando mai! Ma che fai! Ma chi ti credi di essere! Ma chi ti ha chiamato in causa? E con ciò? E allora? Ma dove vuoi andare a parare? A chi interessa? Dove sei? Cosa fai? Ecc.

Come si fa il gesto:
La mano a borsa, vale a dire con le dita tese, congiunte al pollice e rivolte in alto, viene fatta oscillare ripetutamente verso l'interlocutore tramite lo snodo del polso e/o del gomito. Il gesto può essere riprodotto anche in versione "minimalista" cioè tramite la sola esibizione della mano a borsa verso l'alto senza dover obbligatoriamente ricorrere alla sua oscillazione.

Spiegazione:
Se l'interlocutore italiano ricorre a questo gesto significa che ha di fronte qualcuno che parla molto e dice poco, oppure non vuole farsi capire per tornaconto personale, per calcolo o semplicemente perché non ne è in grado. Se invece si esprime in modo inequivocabile il gesto viene fatto perché non si concorda minimamente con le sue affermazioni.
Probabilmente si tratta di uno dei gesti più tipici e di maggiore diffusione dell'intero repertorio gestuale italiano. Un gesto informale che da solo è in grado di sostituire domande del genere: Che cosa? Chi? Dove? Come? Quando? Dove? Perché? Come mai? ecc. Il gesto però non si limita soltanto ad una generica richiesta di informazione o alla manifestazione del nostro disappunto, ma conferisce alla domanda stessa una sottolineatura di volta in volta diversa a seconda degli stati d'animo e delle intenzioni di chi domanda, come ad esempio: sorpresa, stupore, ira, cinismo, indifferenza, malumore, avversione, rifiuto. Un esame più attento della mano a borsa ci indica la volontà di unire e concentrare quantità e qualità del discorso, è una richiesta di concretezza, precisione, sintesi o per dirla con l'illustre studioso napoletano De Jorio "*riunite le idee o raccogliete le vostre parole in un punto per dire cosa volete*". La mano a borsa o a sacchetto, espressioni coniate dallo studioso inglese Desmond Morris, il quale non si discosta di molto dagli intenti interpretativi del De Jorio quando afferma che questo segno viene usato per accentuare o enfatizzare parole o frasi nel flusso del discorso. Oltre alla varietà di significati, questo gesto può sostituire per intero le equivalenti espressioni verbali.

36 - Ma che cosa vuoi ancora? Was willst du denn noch?

Origine: Italia

Espressioni verbali corrispondenti:
Cosa vuoi da me? Ma che pretendi ancora? Cosa vuoi di più? Ti prego!

Come si fa il gesto:
Le mani congiunte come durante la preghiera vengono fatte oscillare in modo verticale più volte davanti al petto.

Spiegazione:
La simbologia del gesto è ovviamente una preghiera o meglio una supplica rivolta all'interlocutore quando le parole non sono più sufficienti a manifestare le nostre ragioni di estraneità o l'impossibilità di intervento per mancanza di mezzi. Il movimento delle mani verso il petto ricorda le oscillazioni prodotte dai fedeli in preghiera, e non soltanto di religione cristiana. Basti pensare agli ebrei, musulmani, buddisti per non parlare delle danze religiose e delle convulsioni di uno sciamano. Il gesto, spesso accompagnato da una adeguata espressione facciale di supplica, indica apertamente e con una certa enfasi che di più non possiamo fare o non ne siamo in grado, sia per mancanza di mezzi o di volontà: ti prego, ti supplico non posso diversamente!

Attenzione!
In qualche caso tale gesto, specialmente se accompagnato da un'espressione del viso particolarmente avversa, potrebbe essere un segnale di aggressività da parte di chi lo esegue dopo aver sopportato a lungo richieste, giudizi ritenuti impropri oppure offensivi.

37 - Dai, ti prego! Komm, ich bitte dich!

Origine: Italia

Espressioni verbali corrispondenti:
Su! Dai! Via! Per piacere! Per favore! Per cortesia!

Come si fa il gesto:
Mani giunte come nell'atto di pregare.

Spiegazione:
Oltre ad esprimere la nostra impossibilità a soddisfare una richiesta, le mani congiunte possono però esprimere anche la richiesta di qualcosa da parte del gestuante. In questo caso si supplica, si prega qualcuno affinché esaudisca la nostra richiesta o interceda in nostro favore.

38 - Che ci posso fare? Was kann ich denn dafür!

Origine: Italia

Espressioni verbali corrispondenti:
Che colpa ne ho io! Che devo fare? Ormai è così!

Come si fa il gesto:
Le braccia tese e allargate mostrano il petto indifeso. La testa è rivolta leggermente all'indietro.

Spiegazione:
Un caso di domanda retorica espressa tramite un gesto. Che ci posso fare? Infatti non esige risposte da parte dell'interlocutore, ma manifesta la propria impossibilità di agire o reagire rispetto un fatto o una persona, consapevoli che non ne abbiamo i mezzi o le risorse. Il gesto significa quindi: non ci posso fare niente, non posso assolutamente sottrarmi a questo. Le braccia lasciano il petto scoperto e quindi indifeso. Non abbiamo più argomenti da porre e difese da opporre. Il petto indifeso segnala la nostra arrendevolezza. Un comportamento analogo si riscontra nelle lotte fra animali, nell'atto del soccombere l'animale più debole infatti porge il petto e la pancia scoperta al rivale più forte come segno di resa riconoscendo così la supremazia dell'altro. Nel nostro caso entra in gioco anche la remissività e la rinuncia verso qualcosa che non si può più cambiare "il dado è tratto!" "Ormai è così!", è l'accettazione quasi fatalista dei nostri o dei limiti altrui.

39 - Ma che fai? Was machst du denn da?

Origine: Italia

Espressioni verbali corrispondenti:
Ma fammi il piacere! Ma per favore! Ti prego! Ma su, dai! Ma che modi sono questi!? Ma come ti sei ridotto!? Ancora/di nuovo con questa storia!? Sei ancora a questo punto/livello? Ma come è potuto accadere? Ma come è possibile? Ma come si fa a dire/fare/commettere, sopportare certe cose? Ma non si può! Ma piantala con queste stupidaggini! Ma sei fuori di testa!? Ma quando mai?

Come si fa il gesto:
Braccia piegate, le mani giunte davanti al petto vengono fatte oscillare più volte in alto e in basso.

Spiegazione:
Uno dei gesti più tipici e dai significati più variegati dell'intera gamma gesticolatoria italiana. Esso richiede di volta in volta una diversa mimica facciale e un'adeguata postura del corpo. I suoi significati sono molteplici; si va da una richiesta di spiegazioni (ma come è potuto succedere?) all'espressione di un giudizio più o meno morale (ma come ti sei ridotto!) al commento critico (Si fa così? Ti sembra questo il modo di comportarti?) alla reazione seccata (Ma fammi il piacere!) alla preghiera (Ti prego!) all'esortazione (Ma su, dai!) fino all'incredulità (Ma come si fa a pensare certe cose!) ecc.
È il gesto che esprime sconcerto, delusione, insofferenza di fronte al ripetersi di comportamenti e giudizi ritenuti insostenibili.

40 - NO! 1 (schiocco della lingua) | Nein! 1 (Zungenschnalzer)

Origine: Sicilia/Italia meridionale

Come si fa il gesto:
Si solleva leggermente la testa e contemporaneamente si emette uno schiocco con la lingua sul palato, chiudendo gli occhi. La testa può anche essere girata di lato, sollevata in alto o spinta all'indietro.

Spiegazione:
L'origine di questo rifiuto senza appello si spiega osservando il comportamento del poppante, il quale, non avendo ancora appreso l'uso della parola per dire "mamma, ho poppato abbastanza non ho più fame, grazie!", altro non può che ricorrere all'unica lingua a sua disposizione, quella del corpo, rifiutando il capezzolo e indietreggiando o spostando lateralmente la testa. Lo schiocco della lingua è il segnale che ha terminato la suzione, tra l'altro il medesimo suono viene emesso di sovente anche dagli adulti dopo aver degustato gradevoli bevande. Il sollevamento della testa, sottolineato dalla mano che striscia sotto il mento (vedi prossimo gesto), oltre a volerne evidenziare il rifiuto ha lo scopo di mettere al riparo testa e corpo da eventuali pericoli che ne potrebbero scaturire. Per il poppante tale pericolo consiste nel dover essere obbligato a continuare la suzione contro la sua volontà, per l'adulto invece la reazione verbale o violenta dell'interlocutore.

41 - NO! 2 - E a me? Nein! 2 - Was geht mich das an!

Origine: Napoli/Italia meridionale/Antica Grecia.

Espressioni verbali corrispondenti:
E a me? Niente affatto! Assolutamente no! Proprio no!

Come si fa il gesto:
Come per il gesto precedente la testa viene leggermente sollevata e spinta all'indietro, contemporaneamente il rovescio della mano scivola sotto il mento verso l'interlocutore reale o immaginario.

Spiegazione:
vedi spiegazione gesto n. 43

42 - Col cavolo! Den Teufel werde ich tun!

Origine: Italia

Espressioni verbali corrispondenti:
Non ci penso proprio! Non ci penso nemmeno! Neanche per idea! Nemmeno per sogno!
Col cazzo!** Te/Se la prendi/e in culo!** Vaffanculo!** (volgare)

Come si fa il gesto:
Il palmo di una mano afferra repentinamente e con forza l'avambraccio che scatta come una molla in avanti o in alto mostrando il pugno chiuso.

Spiegazione:
Un gesto fortemente volgare, conosciuto tra l'altro come "gesto dell'ombrello", l'equivalente del dito medio teso (vedi gesto "dito impudico"), in cui il braccio rappresenta ovviamente il fallo maschile spinto con vigore in un ipotetico orifizio anale. L'esibizione di questo gesto non allude ad una presunta omosessualità del destinatario. È un modo deciso ma volgare di esprimere il proprio assoluto dissenso.

43 - Non mi interessa! Das interessiert mich nicht!

Origine: Antica Grecia/Napoli/Sicilia

Espressioni verbali corrispondenti:
E a me? E allora? Me ne infischio! Non me ne importa proprio niente! Affatto! Non mi importa un fico secco! Non me ne frega niente! Chi se ne importa? Non mi tocca! Non mi tange! Che mi frega?* Non può fregarmene di meno!* E chi se ne frega!* Me ne sbatto!** E chi se ne fotte?** (volgare)

Come si fa il gesto:
La mano rovescia viene fatta scivolare sotto il mento una o più volte.

Spiegazione:
Il simbolismo ostentato tramite questo gesto intende rappresentare non soltanto disinteresse ma anche noi stessi. L'espressione italiana "che barba!" infatti trae origine proprio da questo ornamento maschile. Ma come nasce l'equazione barba uguale noia? Un tentativo che mira a spiegarne l'origine viene fatta risalire addirittura ai filosofi dell'Antica Grecia, i quali non di rado solevano portare una barba più o meno lunga. È di comune dominio che tali personaggi, esclusi i loro discepoli ed altri sporadici ammiratori, non fossero molto amati dai potenti e dal popolo. I primi erano spesso bersaglio delle loro critiche e la gente comune, pur recandosi ad ascoltare i loro discorsi presso l'Agorà, trovavano il loro modo di esprimersi di sovente incomprensibile e soprattutto interminabile e quindi noioso e privo di interesse.
La cosa va per le lunghe che ti cresce la barba, è il messaggio che si nasconde dietro a questo gesto.

La reazione della gente non si discostava poi di molto dalla noia che attanaglia il telespettatore medio mentre assiste agli interventi complicati ed interminabili di certi politici o intellettuali odierni. Mimare con un gesto la barba non soltanto dei filosofi, ma anche di dotti, letterati e uomini di scienza evidenzia la noia e la scarsa motivazione causata da un linguaggio erudito ed ermetico incomprensibile ai comuni mortali.

44 - Per me almeno è così! Ich sehe das zumindest so!

Origine: Italia

Come si fa il gesto:

Le mani aperte con le palme rivolte verso l'interlocutore vengono portate davanti al torace mentre la parte superiore del corpo, testa compresa, scattano leggermente all'indietro.

Espressioni verbali corrispondenti n. 1:

Parere personale, nient'altro! Per me almeno è così! Io la penso così, poi voi fate come vi pare! Io la vedo così, poi ognuno può credere quello che vuole!

Spiegazione n. 1:

Un modo confidenziale e ufficiale, formale e informale, di esprimere la propria opinione, senza la pretesa o il desiderio di voler influire sul parere dell'interlocutore. Tramite questa posizione è come se si dicesse: questo è quello che penso io, poi ognuno è libero di pensarla come crede. Un modo discreto e cortese di manifestare ciò che si pensa senza volerlo necessariamente imporlo agli altri.

Espressioni verbali corrispondenti n. 2:

Io mi tiro indietro! Io non c'entro assolutamente niente! Fa' come credi! Fatti tuoi! Me ne lavo le mani!

Spiegazione n. 2:

Il medesimo gesto può esprimere anche la propria estraneità in merito ad un fatto o ad una decisione presa da terzi da cui si intende prendere le distanze.
L'atto di indietreggiare manifesta fisicamente la contrarietà a condividere posizioni ed idee dell'interlocutore, dal quale invece ci si vuole allontanare, proteggendosi al tempo stesso con l'esibizione del palmo aperto della mano interposto come barriera davanti al corpo.

ESSERE STUPIDO/PAZZO — Dumm/verrückt sein

45 - Non sono mica scemo! — Ich bin doch nicht blöd!

Origine: Italia

Espressioni verbali corrispondenti:
Mi prendi per scemo? Non sono certo pazzo/matto/scemo! Fossi matto! Ma siamo scemi fino a questo punto! Roba da matti! Per chi mi prendi? Per chi mi hai preso? Mi prendi in giro? Mi prendi per il culo** (volgare)

Come si fa il gesto:
La mano a borsa rivolta in basso colpisce la fronte con la punta delle dita.

Spiegazione:
Reazione spontanea nei confronti di chi tenta di ingannarci o di indurci ad azioni che ci rechino danni e svantaggi, approfittando della nostra buona fede al fine di trarne vantaggi personali a nostro discapito. È anche manifestazione di contrarietà rispetto ad opinioni o comportamenti incompatibili con il nostro modo di pensare e di agire. La mano tocca la testa ed indica all'interlocutore che non siamo affatto scemi o fessi come lui pensa e che sappiamo ancora ragionare con il nostro cervello. Il gesto esprime sorpresa e sdegno verso coloro che intendono, direttamente o indirettamente, approfittarsi della nostra buona fede, pretendendo cose che non condividiamo o che sono inconciliabili, offensive, dannose, svantaggiose nei nostri confronti.

46 - Uffa, mi hai scocciato! Du nervst mich!

Origine: Italia

Espressioni verbali corrispondenti:
Che noia! Mi hai annoiato! Basta! Non ce la faccio più! Mi sono rotto! Mi hai rotto le scatole!* Mi hai rotto le palle/i coglioni!** Che palle!**

Come si fa il gesto:
Si gonfiano le guance come un palloncino di gomma e poi si sgonfiano lasciando uscire l'aria dalla bocca emettendo un sibilo per accentuare il proprio disappunto.

Spiegazione:
Le guance gonfie d'aria indicano che si è raggiunto il limite di sopportazione, la misura è colma, la noia è totale, il fastidio enorme, l'insofferenza sta per esplodere. L'espressione verbale (Uffa!), una chiara imitazione dell'aria che fuoriesce con pressione dalla bocca, assolve il compito di sonorizzazione del gesto. Una funzione simile a quella dei rumori o della musica che accompagna e sottolinea la scena di un film, in altre parole la colonna sonora del gesto.

47 - Parli troppo! Du redest zu viel!

Origine: Italia

Espressioni verbali corrispondenti:
Ti ho in continuazione nell'orecchio! Uffa! Quanto parli! Respira ogni tanto! Mi ronzano gli orecchi!

Come si fa il gesto:
La punta dell'indice si muove in senso circolare in prossimità dell'orecchio mentre la mimica facciale mostra evidente fastidio.

Spiegazione:
Altro gesto mimico che indica tutto il fastidio causatoci da una persona logorroica che parla in continuazione o che ripete sempre le stesse cose. La rotazione del dito riproduce il movimento circolare e monotono della pala di un'elica, il ronzio fastidioso di un una zanzara che non ci lascia in pace.

48 - Mi hai fatto una testa così! Du hast mich zugetextet!

Origine: Napoli, Italia meridionale

Espressioni verbali corrispondenti:
Mi ha fatto una testa così *M'he fatta capa tanta!* (dialetto napoletano). Mi hai riempito di chiacchiere! Quante chiacchiere! Mi scoppia la testa! Mi fuma il cervello!

Come si fa il gesto:
Le mani con le palme aperte, girate verso le tempie compiono dei movimenti oscillatori in senso orizzontale nell'intento di far apparire più grande la propria testa.

Spiegazione:
La testa è piena zeppa di chiacchiere e si è gonfiata al punto tale che sta per esplodere. L'idea di esplosione viene rafforzata gonfiando e sgonfiando al tempo stesso le guance.

49 - Chiacchierone! Schwätzer!

Origine: Napoli

Espressioni verbali corrispondenti:
Bla, bla! Parli troppo! Ciarliero! Gola profonda! Ciarlatano! Contafrottole! Pallonaro!* Raccontapalle!**(volgare)

Come si fa il gesto:
Le dita distese della mano a borsa, posizionata in prossimità della bocca si aprono e si chiudono con rapidità come il becco di un'oca o di una gallina, riproducendone il verso.

Spiegazione:
La lingua italiana abbonda di espressioni negative aventi per oggetto l'oca o la gallina. Si dice ad esempio, stupido come un'oca, una donna pettegola viene definita "un'oca", ecc. Spettegolare, parlare senza riflettere, criticare a sproposito, denigrare qualcuno, questi e molti altri significati simili si celano dietro questo semplice gesto. Il gesto delle dita che si aprono e si chiudono è simile al movimento delle forbici. A Napoli questo movimento a vuoto delle forbici che non tagliano nulla ha portato alla coniazione di un modo di dire molto pertinente al significato di questo gesto "chillo sta taglianno"/quello sta tagliando", che in altre parole significa appunto: quello parla a vanvera, straparla, parla senza dire nulla, ecc.

Variante:
Localmente il gesto può essere eseguito anche con il pollice e l'indice che si aprono e chiudono a intermittenza nel movimento detto a forbice, talvolta con la mano che si allontana leggermente dal corpo. Una forbice che si apre e si chiude in continuazione a vuoto senza tagliare assolutamente nulla. Altro simbolo che si vuole evidenziare è il continuo movimento della mandibola o del becco di un'oca che parla ininterrottamente.

50 - Che palle! Das geht mir auf die Eier!**

Origine: Italia

Espressioni verbali corrispondenti:
Che scatole!* Mi sono fatto due palle così!** Mi sono rotto i coglioni/marroni!** (volgare)

Come si fa il gesto:
Pollici e indici congiunti vengono portati all'altezza del ventre mentre le mani vengono fatte oscillare lentamente ed elasticamente in modo verticale dall'alto in basso e viceversa.

Spiegazione:
Gesto volgare per esprimere noia, tedio, fastidio, avversione. Il gesto imita i testicoli dell'uomo che si gonfiano assumendo dimensioni più grandi del naturale. Rompersi le palle** o le scatole* è un modo di esprimersi che ricalca un sintomo fisico talvolta accusato dagli uomini come reazione psicosomatica originato da un conflitto interno irrisolto, le cui cause sono spesso riconducibili a stati di inedia, forte fastidio, insofferenza, ansia, ecc.

51 - Stringi!

Fass dich kürzer!

Origine: Italia

Espressioni verbali corrispondenti:
Vieni al sodo/dunque! Vieni al nocciolo della questione! Sii più concreto/conciso!

Come si fa il gesto:
La mano a borsa si apre e si chiude più volte con la punta delle dita rivolte verso l'alto o di lato.

Spiegazione:
Gesto informale solitamente usato per esortare il nostro interlocutore ad essere breve e conciso. Le dita si aprono e si chiudono nell'intento di ricondurre le parole nello spazio ristretto e ben delimitato della mano che racchiude simbolicamente il nocciolo della questione.

52 - Vieni al sodo!

Komm zur Sache!

Origine: Italia

Espressioni verbali corrispondenti:
Vieni al dunque! Stringi! Sii concreto! Qui c'è da prendere subito una decisione! Avanti si decida/deciditi! Bisogna fare così! E così! Datti una mossa!

Come si fa il gesto:
Il dorso di una mano, con il braccio piegato verso l'alto, mediante un movimento rapido, batte due o tre volte sulla palma dell'altra mano emettendo un rumore simile a quello di uno schiaffo. Lo stesso messaggio con un effetto accentuato, può essere prodotto battendo il palmo della mano sopra un tavolo.

Spiegazione: Chi produce questo gesto non ha più tempo e/o pazienza di attendere. Si tratta di un incalzante invito ad agire, prendere una decisione, fare una scelta netta, prendere atto o consapevolezza di un dato di fatto.

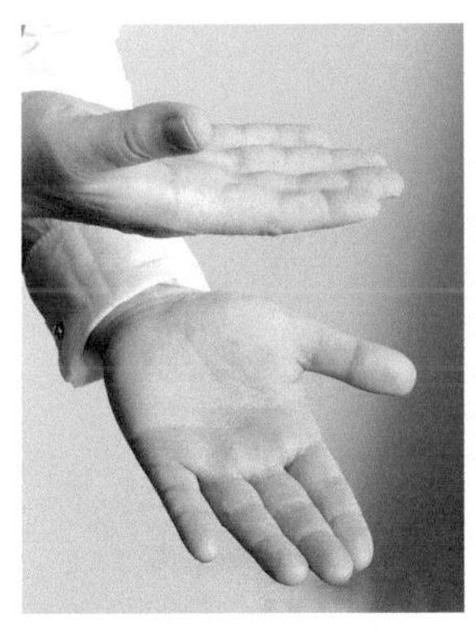

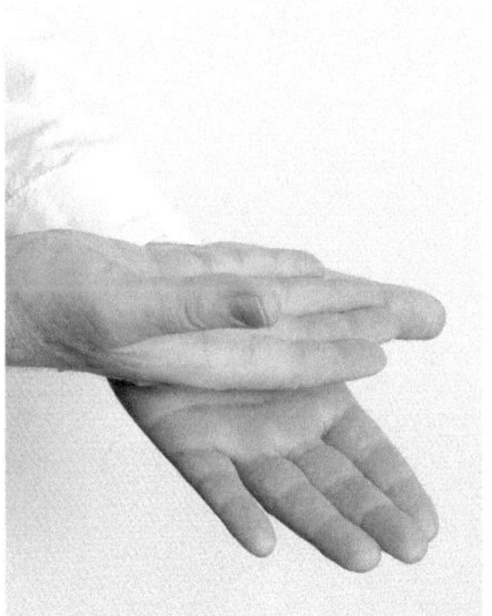

53 - Taglia! Komm zum Ende!

Origine: Italia

Espressioni verbali corrispondenti:
Stringi! Dacci un taglio! Sii più breve! Accorcia! È ora di finire/terminare/smettere/troncare/recidere.

Come si fa il gesto:
Indice e medio tesi simulano il movimento del tagliare di una forbice, l'anulare e il mignolo sono uniti a pugno sotto la punta del pollice.

Spiegazione:
È un'esortazione a "tagliare"o ad abbreviare un discorso o un'azione che va troppo per le lunghe o troppo divagante rispetto all'argomento trattato. Trattandosi di una richiesta immediata di sintesi, il gesto va comunque evitato in ogni contesto formale. Fra amici e conoscenti diviene una richiesta dai contorni scherzosi.

Differenze interculturali:
In Francia e Germania il gesto è conosciuto soltanto nella sua funzione pratica, vale a dire tagliare materialmente qualcosa.

54 - Fare l'occhiolino — Zuzwinkern

Origine: ignota

Espressioni verbali corrispondenti:
D'accordo? Va bene? Ci stai? Intesi? Ok?

Come si fa il gesto:
Strizzare l'occhio

Spiegazione:
Fare l'occhiolino, strizzare l'occhio, fare l'occhietto o ammiccare che dir si voglia, comunicano all'interlocutore la nostra completa approvazione per ciò che dice, pensa o intenda intraprendere. Fare l'occhiolino significa intesa e complicità. Attenzione però a rivolgersi in questo modo a una donna che non si conosce o con cui si intrattengono rapporti formali perché in tal caso, stiamo trasmettendo un esplicito invito ad un'intesa sessuale!

55 - Quei due se la intendono! Die zwei stecken unter einer Decke!

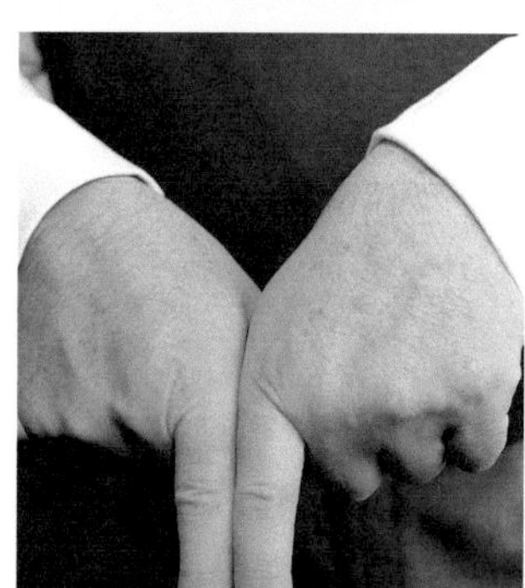

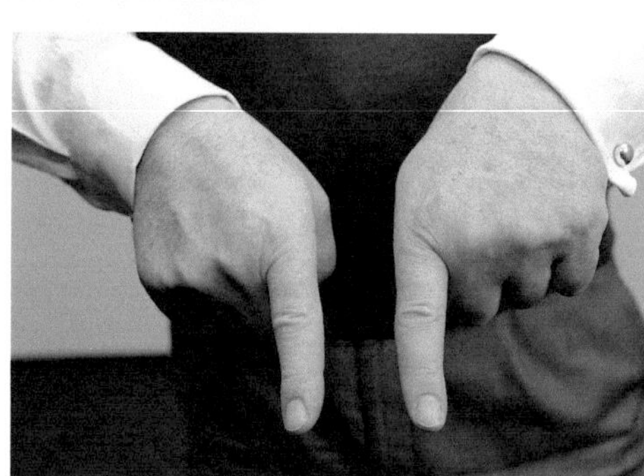

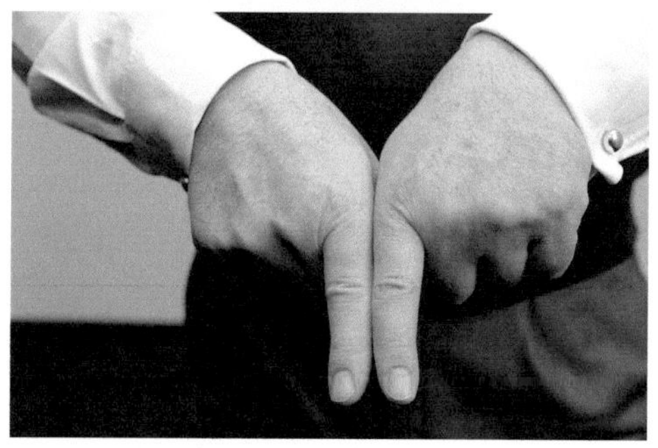

Origine: Napoli, Italia centro-meridionale

Espressioni verbali corrispondenti:
Quei due sono d'accordo! Sono un corpo e un'anima! Sono pappa e ciccia! Sono pane e cacio! Quei due hanno fatto comunella! Tramano tra di loro! Sono culo e camicia!** (volgare)

Come si fa il gesto:
Gli indici tesi in avanti vengono più volte accostati parallelamente uno contro l'altro e riallontanati lateralmente.

Spiegazione:
Far aderire gli indici delle mani in tutta la loro lunghezza significa intesa, unione, solidarietà, complicità, sintonia, armonia e identificazione nell'altro. La perfetta sintonia che intercorre fra due individui che pensano, sentono e agiscono allo stesso modo. In genere chi compie questo gesto vuole evidenziare la vicinanza e l'amicizia e talvolta anche un rapporto erotico-sessuale tra due persone. Non di rado però si allude anche ad un tipo di rapporto dai contorni poco cristallini tipico di due o più persone che tramano di nascosto al fine di ottenere vantaggi personali. L'esatta interpretazione si evince dal contesto e dalle persone a cui il gesto allude.

Attenzione!
A Napoli e dintorni una variante di tale gesto rimanda ad una relazione di tipo esclusivamente sessuale. In questo caso il contatto avviene facendo combaciare e allontanare l'estremità dell'indice con quella del pollice. Un'alternanza di movimenti che "combacia" (letteralmente baciarsi uno con l'altro) perfettamente con l'immagine di due volti che baciandosi si avvicinano e si allontanano.

56 - Sono amici stretti! Dicke Freunde!

Origine: Italia

Espressioni verbali corrispondenti:
Sono amici per la pelle! Sono ben collegati/ connessi! Sono tutt'uno!

Come si fa il gesto:
I due diti medi vengono saldamente agganciati l'un l'altro.

Spiegazione:
Agganciare i medi in una presa serrata e solida manifesta in modo simbolico la vicinanza, la comunanza di idee ed interessi tra due persone legate tra loro da una profonda amicizia personale. Può rappresentare anche solidità nel comune perseguimento di convergenti interessi professionali o privati.

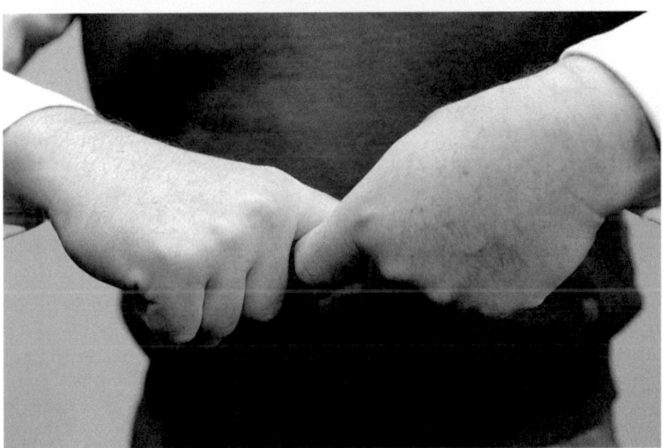

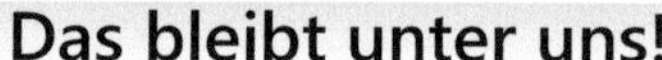

57 - Aum Aum!

Das bleibt unter uns!

Origine: Napoli

Espressioni verbali corrispondenti:
Acqua in bocca! Che resti fra noi! Non proferir parola!

Come si fa il gesto:
La mano a doccia, vale a dire con le dita allargate rivolte verso il basso, viene fatta ruotare come si fa con un mestolo o un frullatore mentre le labbra si contraggono come quando si vuole dare un bacio a qualcuno o quando un poppante succhia il latte dalla mammella o dal biberon.

Spiegazione:
Fare qualcosa di nascosto, in sordina, all'insaputa degli altri, agire con discrezione. Gesto simbolico in cui la mano con le dita allargate funge da mestolo che girando mescola, trasforma e occulta i vari ingredienti di un ipotetico impasto fino a renderli irriconoscibili. Un ulteriore spiegazione afferma che il movimento della mano a doccia serve a smuovere la terra che intorpidisce le acque per coprire azioni illecite o illegali. Baciare e parlare sono due funzioni distinte che non possono essere eseguite contemporaneamente. La contrazione delle labbra imita l'atto del baciare e indica all'interlocutore che una determinata azione, già commessa o ancora da attuare, deve restare segreta.

58 - Conosce la gente che conta! Er kennt die richtigen Leute!

Origine: Napoli, Italia meridionale

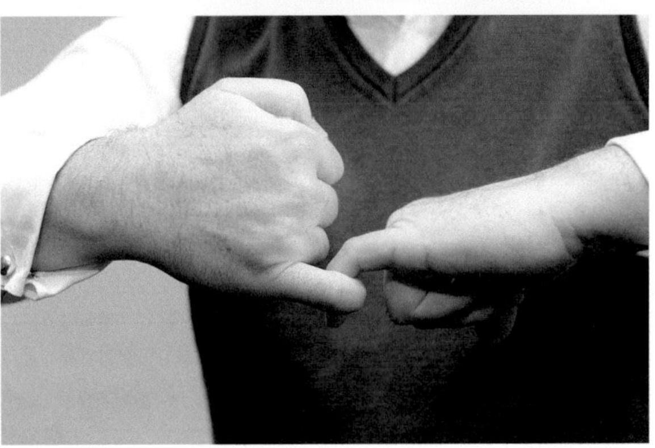

Espressioni verbali corrispondenti:
Ha le amicizie giuste! Ha dei buoni agganci! È amico di gente importante! Quei due sono un corpo e un'anima!

Come si fa il gesto:
I due mignoli vengono agganciati l'un l'altro e tirati verso l'esterno.

Spiegazione:
L'espressione italiana "avere un santo in paradiso" significa semplicemente: avere buoni agganci, conoscere la persona giusta al posto giusto, frequentare luoghi e persone che possano intercedere in nostro favore in caso di bisogno. In altre parole si tratta di quella ragnatela di persone a cui molti italiani sono costretti a ricorrere e ad intrattenervi buoni rapporti perché un domani... non si sa mai! Anzi si sa perché in Italia niente o quasi si può ottenere senza la cosiddetta raccomandazione. Vale a dire qualcuno che possa accelerare, favorire o semplicemente imporre una pratica, una domanda di lavoro, i temi d'esame, una licenza di costruzione, uno scatto di carriera, in pratica tutto ciò che in Paesi con una più alta cultura democratica si ottiene tramite un iter fisso e trasparente e soprattutto tramite il cosiddetto principio della meritocrazia. L'Italia è il Paese delle consorterie, logge segrete, nobilati, lobby particolari, comitati d'affari, insomma tutti quei gruppi di potere, i cosiddetti "poteri forti" che tengono in mano e decidono le sorti della penisola. Corruzione endemica, favoritismi, criminalità organizzata, criminalità economico-finanziaria, l'altissima evasione fiscale, la corruzione endemica sono le dirette conseguenze di tale malcostume. In Italia titoli e meriti sembrano giocare sempre più un ruolo secondario, una delle anomalie italiane, spesso causa di inefficienza, sprechi, abusi, disastri di ogni genere.

59 - La cosa mi puzza! Die Sache stinkt!

Origine: Italia

Espressioni verbali corrispondenti:
Mi puzza! La questione mi puzza! C'è qualcosa sotto/dietro! La questione/cosa è sospetta! Sento uno strano odore! A naso direi che...

Come si fa il gesto:
Piegare e alzare il braccio all'altezza del naso, battere l'indice teso due, tre volte sopra un lato del naso.

Spiegazione:
Manifestazione di dubbio, sospetto, diffidenza riguardo l'attendibilità di una persona o di un fatto. Si intende così mettere in guardia l'interlocutore della scarsa fiducia che si nutre verso un determinato comportamento, la veridicità di un'informazione, le buone intenzioni di una persona, l'esito di una trattativa. Il naso, quale organo olfattivo non ha la certezza della vista o dell'udito, ma odora, annusa, fiuta, è uno dei cinque sensi che ci aiutano a correlarci in modo istintivo con il mondo esterno. Tale comportamento si ritrova, certo non casualmente, in molteplici espressioni verbali con cui spesso manifestiamo le nostre facoltà intuitive relazionate al dubbio e di conseguenza al sospetto.

60 - È una bugia! Das ist eine Lüge!

Origine: Italia

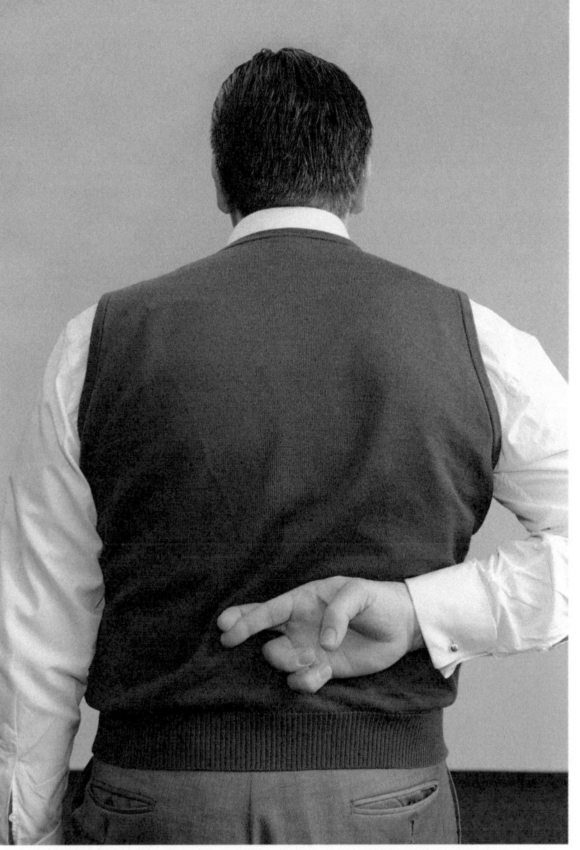

Espressioni verbali corrispondenti:
Sto mentendo! Lo dico, ma non è vero! Non credere a quello che sto dicendo! Qui lo dico e qui lo nego!

Come si fa il gesto:
L'indice e il medio della stessa mano vengono incrociati e nascosti dietro la schiena o posizionati sul fianco.

Spiegazione:
In uso soprattutto fra bambini e ragazzi per comunicare che qualcuno sta raccontando bugie. Questo qualcuno può essere sia una terza persona che il gestuante medesimo. Nel secondo caso si vuole avvisare il destinatario che stiamo mentendo intenzionalmente. Talvolta una piccola bugia preserva da inutili incombenze. È come dire al destinatario del messaggio: "Adesso sto mentendo perché la situazione in qualche modo non mi permette di fare altro, però voglio che tu lo sappia perché cosi facendo tranquillizzo anche la mia coscienza". Insomma, un modo per salvare capra e cavoli.

61- Pinocchio! Pinocchio-Lügennase

Origine: Italia

Espressioni verbali corrispondenti:
È una bugia! Bugiardo come Pinocchio! Ahi, Pinocchietto! Ti/Le si allunga il naso come Pinocchio! Hai/ha il naso lungo come Pinocchio!

Come si fa il gesto:
Braccio piegato con la mano a borsa o a sacchetto (dita tese con le punte unite al pollice) all'altezza del naso, poi si prende il naso fra le dita e si tira la mano in avanti simulando l'atto di allungarlo. Una variante prevede che il gesto termini mostrando all'interlocutore la punta del pollice che fuoriesce fra l'indice e il medio con la mano a pugno (vedi gesto "Fare le fiche").

Spiegazione:
Se è vero che le bugie hanno le gambe corte, è altrettanto vero che esse ti fanno, metaforicamente, allungare il naso. Esattamente questo è ciò che accade, in una delle favole più conosciute al mondo, ogni volta che il suo protagonista Pinocchio racconta una bugia. Da qui proviene il gesto di allungare il naso per indicare una persona che mente sia a parole sia con i suoi comportamenti.

62 - Ci sei cascato! — Du bist darauf reingefallen!

Origine: Italia

Espressioni verbali corrispondenti:
Ci sono/è cascato/caduto! Ho/Ha abboccato all'amo! Ti/L'ho preso all'amo!

Come si fa il gesto:
Braccio piegato in alto, mano chiusa a pugno con il pollice teso posizionato sotto gli incisivi superiori, spingere il dito verso l'alto in modo da far sollevare leggermente la testa simalando l'abboccamento di un pesce preso all'amo.

Spiegazione:
Chi compie tale gesto si sente o vittima di un inganno, una messinscena, un'infautazione oppure viceversa il suo fautore.
Come gli specchietti per le allodole o gli uccelli da richiamo dei cacciatori, l'esca è l'inganno a cui ricorrono i pescatori nella pesca all'amo. E prendere qualcuno all'amo o cascarci (nella rete) sono espressioni che possono accompagnare o sostituire del tutto questo gesto informale che va evitato in ogni contesto formale.

63 - Tiè! (fare le corna) Toi, toi, toi (3x auf Holz klopfen)

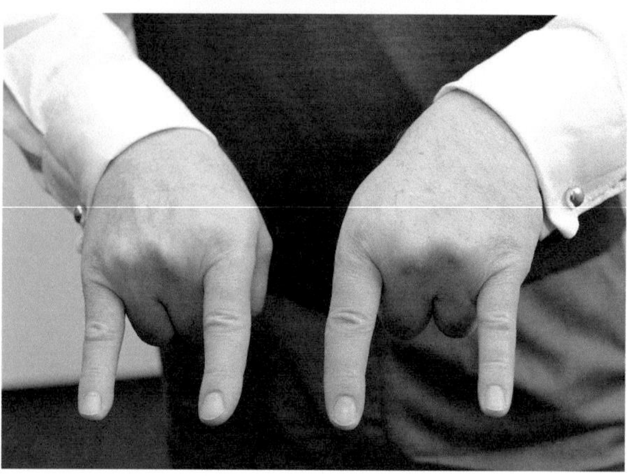

Origine: Antica Grecia/Antica Roma/Napoli

Espressioni verbali corrispondenti:

1. Beccati questo! Facciamo le corna! Speriamo di no/sì! Non sia mai! Per carità! Tocca ferro!
2. Crepa! Muori! Schiatta!

Come si fa il gesto:
Il braccio con la mano chiusa a pugno con l'indice e il mignolo tesi compie un movimento repentino orizzontale o verso il basso rispetto al corpo. Il gesto può essere accompagnato dall'espressione "Tiè" (tieni! prendi!)

Spiegazione:

1. Protezione dalla cattiva sorte e dal pericolo. Una volta veniva usato anche contro il malocchio e altre presunte forze malefiche.
2. Augurare il male o la morte ad altre persone.

In molte parti del mondo le corna di animali vengono impiegate dagli uomini per tenere lontana la cattiva sorte e per proteggere persone e cose da qualsiasi manifestazione delle forze del male. Sparsi nei continenti si vedono spesso corna di bue sui cancelli di accesso di tenute o fattorie agricole, sui portoni di case, ristoranti, locali, sulla mascherina anteriore di camion, autobus, automobili.
Corni di vario genere e forma sono appesi anche all'interno di case e di mezzi di trasporto.

Vi é poi tutta una serie di corni e cornetti, di sovente in oro, argento, corallo o altre pietre preziose, che si tengono addosso come amuleti sottoforma di gioielli vari o ciondoli per collane, bracciali, collier, anelli, orecchini, portachiavi. Oltre alla funzione protettiva e scongiuratrice delle forze malefiche che vogliono la nostra disgrazia, ritroviamo l'immagine del corno come simbolo fallico portatore di fertilità e abbondanza nella lavorazione dei campi e tra gli uomini: campi e esseri umani fertili consentiranno abbondanti raccolti e la continuazione della specie umana.

Presso gli antichi Romani il simbolo del pene eretto era considerato un portafortuna. Si trovavano ovunque: scolpiti sulle pavimentazioni

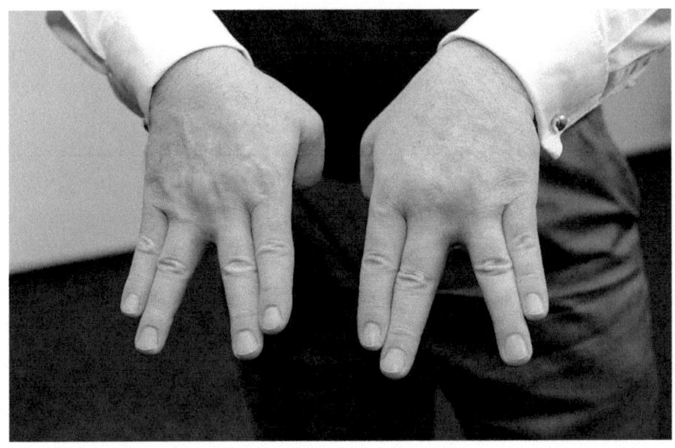

stradali, sui muri che costeggiavano le vie principali, sulle entrate di negozi e abitazioni. Addirittura gruppi di falli in bronzo, i cosiddetti tintinnabula (sonagli), corredati da campanelli venivano fissati sulle entrate di negozi e abitazioni. Era considerato di buon auspicio toccarli e farli tintinnare ogni volta che se ne varcasse la soglia. In quanto portafortuna, l'immagine del pene eretto, veniva esibito come ciondolo per collane. Talvolta insieme al fallo si portava anche un altro ciondolo, la cosiddetta "mano in fica", vale a dire un oggetto raffigurante una mano chiusa a pugno con il pollice infilato fra l'indice e il medio, la rappresentazione dell'atto sessuale (vedi gesto "Mano in fica"). Dopo secoli di Cristianesimo può apparire quantomeno bizzarro che il fallo eretto fosse un portafortuna ed oggetto di culto, esibito sia in privato che in pubblico. Infatti dopo la caduta dell'impero romano questo tipo di simbologia venne gradualmente bandito, ma non è del tutto scomparso. La sua funzione protettiva e scongiuratrice è stata sostituita dalle corna o da un singolo corno, che come riportato sopra, continua ad essere presente nelle più svariate forme, esattamente come il fallo nella Roma di duemila anni fa.

Un'ulteriore funzione delle corna riprodotte con una o entrambe le mani dirette contro qualcuno, pronunciando magari l'imprecazione "crepa!" o "schiatta!", come si usa dire a Napoli, mostra in maniera evidente che auguriamo all'altro la sua morte.

Come si può vedere il simbolo delle corna o di un singolo corno hanno molteplici funzioni e significati tuttora ampiamente in uso, anche se è doveroso rammentare che in passato con il gesto delle corna si esprimevano numerosi altri significati ora scomparsi; dvbad es.: si mostravano le corna per indicare viltà, superbia, ostilità, durezza fisica e morale ma anche come simbolo per accecare qualcuno cavandogli gli occhi.

64 - Si tocchi, si tocchi! Griff in den Schritt!

Origine: Italia

Espressioni verbali corrispondenti:
Toccati!** Toccatina!**

Come si fa il gesto:
La mano destra afferra i testicoli.

Spiegazione:
Un gesto scaramantico ed estremamente volgare a cui ricorrono gli uomini superstiziosi per scongiurare un possibile pericolo o per proteggersi da situazioni e persone a cui viene accreditato il potere di portare sfortuna, come ad esempio: una fattucchiera che getta il malocchio, un prete vestito di nero, il corteo di un funerale, ecc. Nella novella "La patente" di Luigi Pirandello, premio Nobel per la letteratura, il personaggio Rosario Chiarchiaro afferma di essere jettatore di professione, e come tale vuole essere riconosciuto ufficialmente, perché da oltre un anno quando la gente lo incontra per strada esibisce il segno delle corna e invita il giudice istruttore che lo sta ascoltando durante un'udienza processuale a proteggersi pronunciando: "Si tocchi! Si tocchi!"

65 - Quei due non vanno d'accordo! Die können nicht miteinaner!

Origine: Italia

Espressioni verbali corrispondenti:
Quei due non si possono soffrire/vedere! Sono come cane e gatto! Sono come il diavolo e l'acqua santa!

Come si fa il gesto:
Le punte degli indici tesi si toccano e si allontanano più volte.

Spiegazione:
Quando due persone hanno idee, sensibilità, carattere differenti e non vi è punto d'incontro. Questo è il gesto che indica rivalità e antagonismo.

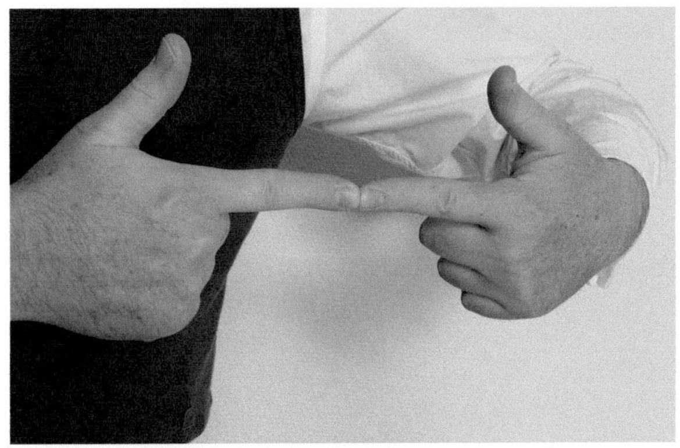

66 - La pernacchia

Der Lippenfurzer

Origine: Napoli

Espressioni verbali corrispondenti:
Prenditi/beccati questa!*

Come si fa il gesto:

1. *"La bocca gonfia d'aria, mano aperta e portata rovescia sul labbro superiore in modo che esso sia compresso dallo spazio che è fra l'indice e il pollice....*
   premendo a replicati colpi si viene a comprimere la bocca già gonfia d'aria...la quale nell'uscire a diverse riprese, farà degli scrosci che sono quelli a cui si dà il nome di "vernacchio".
   (adattato da: De Jorio)

2. La lingua interposta fra le labbra viene fatta fuoriuscire e contemporaneamente si soffia con la bocca gonfia d'aria. La vibrazione delle labbra sulla lingua produce un suono simile al peto.

Spiegazione:
Insulto, beffa, atto di derisione. L'insulto di questo gesto "sonoro" consiste nel fatto che il suono emesso somigli al peto. Oppure come precisa De Jorio *"quello che la natura cagiona nell'espellere l'aria chiusa né nostri visceri"*. Appartiene ad un registro espressivo a cui ricorrono soprattutto bambini e giovani. A causa della sua volgarità, fra gli adulti costituisce una forte caduta di stile e di dignità. Usato talvolta come scherzo goliardico tra amici o come insulto tra tifosi sportivi di fazioni avverse per commentare un presunto rendimento mancato da parte dell'arbitro o dei giocatori durante una competizione sportiva. Da evitare in ogni contesto pubblico e formale.

67 - Ti ho fregato, tiè! Ich hab dich reingelegt!

Origine: Italia

Espressioni verbali corrispondenti:
Ti/l'ho fregato! Prendi questo!** Beccati questo!** Vaffanculo!** Mettitelo in quel posto!** (volgare)

Come si fa il gesto:
Formare la mano a pugno, piegare il braccio e portarlo all'altezza del petto, poi spingere la mano in avanti di scatto.

Spiegazione:
Dimostrazione volgare di superiorità. Atto liberatorio per averla spuntata in un conflitto o in una gara. Vittoria sofferta e per niente scontata. Il pugno chiuso ed il braccio teso, catapultato con forza in avanti, simboleggiano il pene maschile nell'atto della penetrazione. Il gesto esprime, quindi, senso di superiorità e maggiore scaltrezza rispetto all'avversario. È anche un modo di esultare con il mirato scopo di umiliare l'avversario. Data la volgarità ed il forte grado offensivo del gesto se ne sconsiglia vivamente l'esibizione in qualsiasi situazione. Fra amici può essere considerato uno scherzo innocuo.

68 - Va' al diavolo — Scher dich zum Teufel!

Origine: Italia

Espressioni verbali corrispondenti:
Prenditi/beccati questo!** Col cavolo!** Col cazzo!** In culo!** Vaffanculo!** (volgare)

Come si fa il gesto:
Il palmo della mano si abbatte sul braccio destro all'altezza del gomito. Contemporaneamente l'avambraccio, con il gomito piegato e il pugno serrato, viene catapultato di scatto verso l'alto o in posizione orizzontale rispetto al corpo. Tale movimento è conosciuto anche come "gesto dell'ombrello".

Differenze interculturali:
In Italia ed in Francia il gesto è un chiaro insulto sessuale. Nei Paesi scandinavi è una manifestazione di forza fisica. In Inghilterra un apprezzamento scurrile. In Portogallo uno scherzo mentre a Malta è addirittura illegale.

Spiegazione:

1. Sicuramente uno dei gesti più volgari della penisola. Compiuto soprattutto da uomini, il braccio teso simboleggia il fallo maschile mentre viene spinto con vigore verso un orifizio immaginario. L'impatto del palmo sul braccio genera un rumore sordo e secco che, aggiunto allo scatto repentino verso l'alto, contribuisce ad accentuare la violenza della simbolica penetrazione e quindi dell'insulto.
   Malgrado la sua connotazione fallica non rappresenta nessuna allusione o offesa omosessuale nei confronti del destinatario maschile. Si tratta soprattutto di una brachiale dimostrazione di superiorità del gestuante rispetto all'interlocutore.
2. Indica sollievo o soddisfazione dopo un pericolo appena sventato o ancora persistente, di cui non vogliamo decisamente diventarne vittima. Se "fare la linguaccia" viene ritenuto un gesto innocuo, leggero o infantile, lo "scatto dell'avambraccio" o "braccio villano" o "fare il manichetto" che dir si voglia, è invece una miscela tra l'insulto e la beffa contro eventuali minacce e pericoli o più semplicemente una volgare reazione gestuale per esserne usciti illesi.
3. Ira, ironia, derisione verso persone o azioni che contrastano fortemente con il nostro modo di intendere e di volere.

69 - Ma va' a quel paese! Geh zum Kuckuck!

Origine: Italia

Espressioni verbali corrispondenti:
Ma va' a farti friggere! Ma va' a farti benedire! Ma va' a farti fottere!** Vaffanculo!** (volgare)

Come si fa il gesto:
Una o entrambe le mani vengono portate all'altezza del petto e poi virate con vigore in avanti o verso l'alto.

Spiegazione:
Manifestazione decisa e volgare di assoluta contrarietà da parte del gestuante verso affermazioni, opinioni o azioni altrui. Trattandosi di un gesto volgare e aggressivo va assolutamente evitato in contesti formali. Fatto fra amici può essere interpretato come manifestazione ironica di contrarietà.

70 - Ma vaffa...!!! Leck mich doch am...!

Origine: Italia

Espressioni verbali corrispondenti:
Ma vai al diavolo! Ma va' a farti friggere!/ benedire! Ma va' a quel paese!*
Ma va' a cagare!** Ma va a farti fottere!** Ma vai in culo!** Ma vai in mona!** Ma vaffanculo!**

Come si fa il gesto:
La mano a taglio con le dita tese viene alzata di scatto dal basso in alto.

Spiegazione:
Tra i vari significati attribuiti a braccia, mani e indici tesi si trova anche il suggerimento oppure, come in questo caso, l'ordine perentorio di allontanarsi. Si tratta di una minaccia molto diretta che non concede alcun margine di trattativa. È un gesto volgare e aggressivo. Da evitare.

71 - Cornuto! Gehörnter!

Origine: etrusca/Antica Grecia/Roma/

Espressioni verbali corrispondenti:
Ha le corna!* Becco!* È un cornuto!**
Tu sei cornuto**! (volgare)

Come si fa il gesto:
La mano è chiusa a pugno con l'indice e il mignolo tesi verso l'alto; in alcuni casi anche tenendo entrambi gli indici tesi verso l'alto ai lati della tempia.

Spiegazione: Infedeltà coniugale.
Siamo in presenza di un gesto di origine molto antica. In una tomba etrusca di Cerveteri due giovani danzatori vengono raffigurati mentre esibiscono il segno delle corna. Analoghe raffigurazioni sono state rinvenute su antichi vasi di fattura greca. Si tratta dunque di un gesto ampiamente diffuso nelle civiltà greco-etrusca; trattandosi però di danzatori disposti in pose effeminate non risulta del tutto chiaro se nell'antichità il suo significato fosse identico a quello odierno. Nel corso dei secoli tale gesto è stato raffigurato e menzionato in numerose opere artistiche e letterarie, conservando fino ad oggi tutta la sua validità.

Le punta delle dita a forma di corna rivolte verso l'alto mostrano un gesto osceno. Ancora negli anni 60 mostrare le corna o apostrofare un uomo con il vocabolo "cornuto" era una delle offese più gravi che potevano essere inflitte al maschio italico, in particolare nel meridione d'Italia. Le corna significano adulterio, l'onore perduto del maschio tradito dalla moglie o dalla fidanzata. L'indice e il mignolo tesi rappresentano le corna di un toro. Ma per quale motivo un uomo dovrebbe sentirsi defraudato del proprio onore al cospetto delle corna di un toro? Pur essendo uno dei gesti più popolari e diffusi dal significato dichiaratamente esplicito, purtroppo se ne ignorano le origini.

Come riportato da Desmond Morris nel suo volume (Manwatching) una cosa sembra però certa: le corna rappresentano la testa di un toro, considerato fin dall'antichità simbolo di forza fisica e potenza sessuale. Rivolgendo questo gesto verso un uomo, quindi, si intende deriderlo rammentandogli la mancanza degli attributi e delle qualità congenite al toro. Un'altra ipotesi, sempre secondo il Morris, associa l'uomo cornuto al toro castrato, escluso dalla riproduzione perché ritenuto meno idoneo, costretto però ad assistere alla monta della sua "legittima compagna" da parte di un suo simile più potente.

L'uomo porterebbe le corna a causa del comportamento da vacca promiscua da parte della sua femmina. Per il medesimo motivo, nella lingua italiana l'appellativo volgare "vacca" allude ad una donna di facili costumi. Altre interpretazioni accostano la reazione incontrollata e violenta del marito tradito alla rabbia del toro infuriato di fronte ad un pericolo o ad una provocazione.

Un'altra spiegazione ancora richiama al rituale della prostituzione sacra in uso presso alcuni popoli dell'antichità. In tale rito la donna costituiva la "vittima sacrificale" in onore a tutte quelle divinità con le teste ornate da corna di varia fattura. Da qui il riferimento al marito tradito è di facile comprensione.

In italiano esiste anche l'espressione "corna ramificate" per indicare una proliferazione dell'infedeltà coniugale. Tale espressione chiama direttamente in causa un altro animale: il cervo maschio. Gli esemplari dominanti di questa specie si accoppiano con più femmine all'interno del branco mentre, sostiene ancora il Morris, gli altri maschi cornuti vengono declassati al ruolo di comprimari.

Naturalmente non c'è due senza tre, ed ecco il terzo animale, questa volta un pennuto: il gallo. Il modo di dire "essere come il gallo in un pollaio" rende bene l'idea della sua funzione di maschio alfa. Nella lingua tedesca, di una persona che mostra un atteggiamento tronfio o che cammina impettito sicuro di sé, insomma il pavoneggiarsi (pavone!), si dice "wie ein Hahn auf dem Mist umher stolzieren" e quindi a causa del suo harem/pollaio non è un caso che l'espressione Hahnerei equivalga a mettere le corna, cornificare qualcuno. La stessa origine avrebbe l'espressione italiana "essere becco", in cui il becco del gallo va a sostituire le corna del toro o del cervo. Il desiderio sessuale, si sa, viene alimentato dalla tentazione e qui sia il toro che il cervo, oppure il gallo, nulla possono contro un rivale anch'esso portatore di corna, ma dalle possibilità infinitamente superiori: il diavolo. Presente in numerose rappresentazioni artistiche non poteva certamente mancare la figura del diavolo tentatore, invocata dal rivale maschio con l'unico scopo di rendere impotente il marito della donna. Una volta impossibilitato a soddisfare la propria donna, quest'ultima si vedrebbe costretta all'inevitabile tradimento.

In questo volume si fa menzione di come nell'Antica Roma si usava ornare le abitazioni con un corno o un fallo maschile. La loro funzione era quella di assicurare vigore sessuale all'uomo, fertilità alla donna e quindi un ottimo auspicio per la discendenza. C'è chi sostiene che l'indice e il mignolo alzati starebbero a simboleggiare due peni: uno è quello del marito, l'altro quello dell'amante.

C'è infine chi vede nelle dita erette di questo gesto le gambe divaricate della moglie nell'atto di ricevere l'amante. Questa ipotesi è rafforzata da James Halliwell che nel suo "Dictionary of Archaic and Provincial Words" descrive il gesto delle corna tramite il gesto "mano in fica o fare le fiche" e cioè "porre l'indice di una mano tra l'indice ed il medio dell'altra simboleggiando così l'introduzione del pene fra un paio di gambe divaricate".

Va detto che questo gesto un tempo era diffuso in tutta Europa, oggi sopravvive ancora in alcuni paesi del Mediterraneo. La sua graduale estinzione va ricondotta senz'altro anche al fatto che l'adulterio non viene considerato più come un tempo un atto socialmente grave o moralmente condannabile.

72 - Beccati questo! Da hast du's!

Origine: Italia

Espressioni verbali corrispondenti:
Tiè!* Vaffanculo!** Ti/lo/la ho inculato/a!** Te/Gliel'ho messo in culo!**(volgare)

Come si fa il gesto:
Il braccio piegato con la mano chiusa a pugno all'altezza del torace viene spinta con forza una o due volte verso l'interlocutore.

Spiegazione:
Un gesto volgare che intende comunicare in maniera aggressiva all'interlocutore superiorità, prevaricazione, vittoria di una disputa di qualsiasi genere. Tramite le espressioni verbali corrispondenti, la mano, l'intero braccio stanno a simboleggiare il pene nell'atto della penetrazione. Va evitato in qualsiasi situazione. Può assumere valore di scherzo se fatto tra amici o persone con cui intratteniamo buoni rapporti confidenziali.

73 - Calma! Ruhe!

Origine: incerta

Espressioni verbali corrispondenti:
Piano! Tranquillo! Lentamente! Più piano! Rallenta! Frena! Non così forte! Attento! Aspetta!

Come si fa il gesto:
La mano con il palmo verso il basso viene abbassata ed alzata più volte ritmicamente davanti al corpo. Il gesto può essere effettuato anche con entrambi le mani.

Spiegazione:
Si tratta di un gesto formale ed informale, un chiaro invito ad agire con calma; ad esempio, quando vogliamo che il nostro interlocutore parli più lentamente o che abbassi il tono della voce, oppure quando qualcuno comincia a dare segni di impazienza, nervosismo, aggressività, violenza.
Questo gesto si nota spesso anche nel traffico automobilistico quando vigili o polizia esortano gli automobilisti a rallentare oppure a fermarsi.

74 - Lasciamo stare! Lassen wir das!

Origine: Napoli

Espressioni verbali corrispondenti:
Lasciamo stare! Finiamola! Non ne parliamo più! Fine delle trasmissioni!

Come si fa il gesto:
Le braccia e le mani aperte con le dita distese vengono spinte in avanti verso l'interlocutore all'altezza del torace. Il gesto termina con una virata delle mani verso l'esterno come quando si vuole allontanare un ostacolo o un fastidio imminente. Il gesto si può compiere anche solo con una mano.

Spiegazione:
È il tipico gesto di chi si è stufato di continuare una discussione che non approda a nulla. I pareri restano discordanti, le posizioni iniziali sono invariate, il problema irrisolto. Il gesto indica la chiara volontà di interrompere "il filo" del discorso con l'interlocutore.

75 - Testardo! Dickkopf!

Origine: Italia

Espressioni verbali corrispondenti:
È testardo come un mulo! Ha la testa dura!
È duro di comprendonio! È cocciuto/ostinato!

Come si fa il gesto:
Le nocche del pugno battono sul palmo dell'altra mano.

Spiegazione:
È il gesto che indica la poca elasticità mentale di un individuo. Ci sono persone inamovibili e del tutto indisposte a mettere in discussione le proprie opinioni, ma che soprattutto continuano a sostenere le proprie posizioni anche quando l'evidenza dei fatti le rende insostenibili.

Varianti interculturali:
In Germania battere con le nocche delle dita sul tavolo o altra superficie è indice di apprezzamento simile ad un applauso. Spesso si battono le nocche sul tavolo anche quando si arriva o ci si congeda in segno di saluto.

76 - Insisto! Ich bestehe darauf!

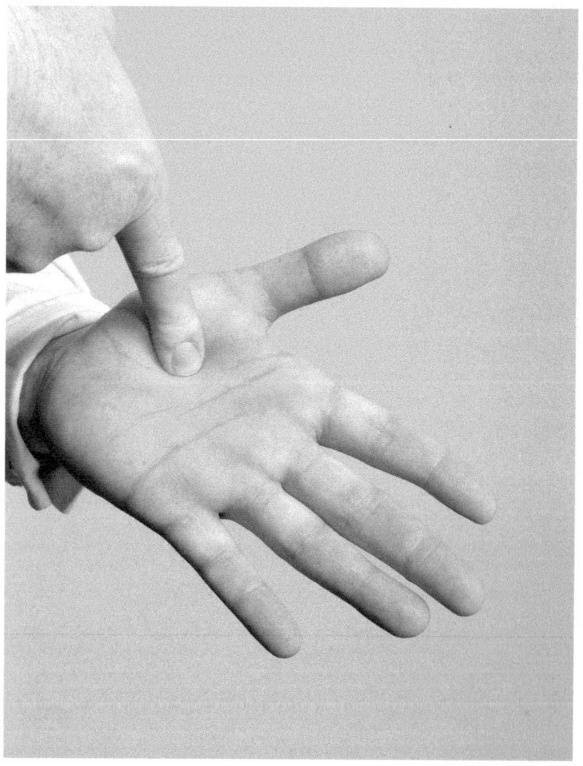

Origine: Italia

Espressioni verbali corrispondenti:
Torno a ripetere! Ribadisco! Ripeto!

Come si fa il gesto:
La punta dell'indice teso batte ripetutamente in maniera energica sul palmo dell'altra mano.

Spiegazione:
Il dito batte come un martello sull'oggetto fino a quando non viene raggiunto il risultato desiderato. Abbiamo a che fare con una persona sicura di sé, tenace, precisa, informata o presunta tale. Spesso il gesto intende rammentare all'interlocutore l'inesattezza delle sue affermazioni, impegni non mantenuti, scadenze non rispettate. Insomma è il gesto di chi difende con forza le proprie convinzioni e non è affatto disposto a mollare la presa. Il gesto è diffusissimo su tutta la penisola, ma è anche uno dei numerosi gesti di cui si servono schiere di avvocati, politici, arringatori di folle, attori, ecc., insomma quando la parola deve essere sostenuta da un simbolico accessorio gestuale.

77 - Sst! Pst!

Origine: ignota

Espressioni verbali corrispondenti:
Ssst! Zitto! Silenzio, Taci, Non parlare! Muto! Muto come un pesce! Acqua in bocca! Chiudi il becco!* Tappati la bocca!*

Come si fa il gesto:
L'indice dritto viene messo davanti alla bocca e al naso oppure poggiato direttamente sulle labbra.

Spiegazione:
Il dito davanti alla bocca indica con determinazione che dobbiamo tenerla chiusa come un catenaccio che tiene chiusa una porta. Esortazione informale largamente usata con i bambini, in ambito famigliare, fra amici e conoscenti. In alcune circostanze il gesto manifesta e richiede una certa complicità affinché non si sveli un segreto.

Sasso in bocca

Si dice che la mafia ricorra malvolentieri all'eliminazione fisica dei suoi avversari. Prima di giungere a questo passo, in genere, si fa ricorso all'arma della lusinga, seguono l'intimidazione, la distruzione materiale delle proprietà della vittima, e se tutti questi avvertimenti non conseguono i risultati prospettati, si passa alla lupara o al tritolo. In passato si è spesso verificato che le vittime di mafia venivano fatte ritrovare con un sasso in bocca. Essendo a conoscenza che la mafia uccide lasciando un messaggio simbolico, gli inquirenti non hanno impiegato molto tempo a comprenderne il significato: la vittima di tale crudeltà, secondo il codice mafioso si era macchiata di un peccato gravissimo: aveva rotto il muro dell'omertà, aveva parlato troppo, insomma per dirla in gergo mafioso era una "gola profonda" o un "cantante". Forse si era semplicemente lasciato andare a qualche confidenza di troppo, in altri casi si trattava di un membro pentito dell'organizzazione, un collaboratore di giustizia. Il ritrovamento di un cadavere crivellato di colpi di arma da fuoco, riverso in una pozza di sangue con un sasso in bocca, era una immagine di inaudita brutalità con un altissimo impatto emotivo e fungeva da spietato deterrente per eventuali futuri imitatori della vittima.

78 - Vieni qui! Komm her!

Origine: Italia

Espressioni verbali corrispondenti:
Vieni più vicino! Avvicinati! Vieni qua!

Come si fa il gesto:
La mano con il palmo verso il basso viene aperta e chiusa ripetutamente.

Spiegazione:
Gesto informale, esortazione ad avvicinarsi. Il movimento della mano che si apre e si chiude simula i passi prodotti dalle gambe nell'atto di camminare.

79 - Vattene! Hau ab!

Origine: Italia

Espressioni verbali corrispondenti:
Sparisci! Smamma! Pedala! Fila! Vedi di andartene! Alza i tacchi!

Come si fa il gesto:
La mano destra a taglio viene fatta battere dalla parte dell'indice teso una o più volte contro il palmo aperto dell'altra mano.

In una variante del medesimo gesto la mano a taglio viene fatta battere all'altezza della congiunzione tra indice e medio o sulla parte inferiore dell'avambraccio.

Spiegazione:
vedi gesto 80

80 - Fila via!/Io me ne vado! — Verschwinde!/Ich gehe!

Origine: Italia

Espressioni verbali corrispondenti: (vedi gesto precedente), io vado via! Taglio la corda!

Come si fa il gesto:
La mano con le dita piegate verso il basso viene fatta ruotare una o più volte.

Spiegazione:
Questo gesto rimanda al movimento oscillatorio del pendolo di un orologio. Si vuole trasmettere il messaggio che è giunta l'ora di andare, mentre le oscillazioni riprodurrebbero il movimento di gambe e piedi in movimento.

Attenzione!
Il medesimo gesto può avere il significato opposto " Io me ne vado" oppure "Andiamo?" se al movimento della mano si alza leggermente la testa spostandola all'indietro e/o inarcando le sopracciglia in modo da conferire all'intera mimica facciale un'espressione esortativa o interrogativa.

81 - Ora le prendi! Aber jetzt bekommst du eine mit!

Origine: Italia

Espressioni verbali corrispondenti:
Adesso le buschi! Ti darei uno schiaffo! Attento che ti arriva un ceffone! Eh, la sai lunga!

Come si fa il gesto:
La mano ad ascia con la palma rivolta all'esterno resta ferma accanto alla testa oppure viene agitata ripetutamente verso l'interlocutore.

Spiegazione:
È un gesto che minaccia violenza verso l'interlocutore, specialmente se viene accompagnato da espressioni di insofferenza, disagio o ira.
Assume valore di avvertimento su ciò che potrebbe accadere se dal gesto si dovesse passare ai fatti. Il gesto viene usato di sovente sottoforma di scherzo, ma può avere sviluppi violenti se accompagnato da uno sguardo altrettanto minaccioso. Se lo "schiaffo" è indirizzato verso i bambini ha una funzione puramente deterrente.
Da evitare in contesti formali.

82 - Attento a te! Pass blos auf!

Origine: Napoli, Italia meridionale

Espressioni verbali corrispondenti:
Fa attenzione a quel che dici! Bada bene a ciò che fai!

Come si fa il gesto:
La punta del pollice si unisce a quella dell'indice formando un cerchio o un anello, le altre tre dita invece sono distese a taglio a forma di ascia mentre la mano si agita dall'alto verso il basso.

Spiegazione:
Questo gesto contiene due simboli: l'occhiello rappresenterebbe lo zero e le dita distese un'ascia. Il messaggio quindi è duplice ma inequivocabile: Tu sei uno zero, tu non sei niente! Non vali niente! Sei una nullità, la mano agitata verso il basso invece è il colpo d'ascia che minaccia di morte l'interlocutore.

Attenzione:
Una variante ampiamente diffusa di questo gesto è il famoso indice teso agitato con vivacità. In questo caso l'indice riproduce "soltanto" il colpo d'ascia.

83 - Che voglia di dartele! Ich hätte gute Lust, dich zu verdreschen!

Origine: Napoli, Italia meridionale

Espressioni verbali corrispondenti:
Me le leveresti di mano! Quanto mi piacerebbe suonartele! Che voglia di dartele! Ti darei due sberle!

Come si fa il gesto:
Si porta la mano a taglio fra i denti oppure soltanto l'indice piegato, imitando così l'atto di mordersi. Il viso assume un'espressione minacciosa.

Spiegazione:
L'aggressività esibita dai denti che si abbattono sulla mano, strumento d'offesa, sembra proprio voler dire: questo è ciò che potrebbe succederti se al posto della mano ci fossi tu. Il gesto, viene usato quasi sempre nei confronti dei bambini come avvertimento di una possibile punizione. Fatto fra amici assume connotazioni ironiche.

84 - Ti faccio un culo così! Ich reiß dir den Arsch auf!

Origine: Italia

Espressioni verbali corrispondenti:
Ti faccio un culo come un secchio!** Ti spacco/rompo il culo!** (volgare)

Come si fa il gesto:
Gli indici e i pollici ricurvi vengono congiunti a forma di cerchio o tenuti a poca distanza e rivolti verso la persona che abbiamo davanti. Talvolta le mani vengono gradualmente allontanate e fatte oscillare per accentuare l'effetto della minaccia.

Spiegazione:
Come altre parti del corpo, le mani sono simbolo e strumento di minaccia, le quali esibite a forma di cerchio indicano l'orifizio anale e la forma rigonfia del sedere dell'interlocutore se dal gesto si passasse ai fatti.
Le contusioni sono spesso causa di gonfiore. Nella lingua italiana ciò è riscontrabile anche in espressioni come: Smettila che ti gonfio! L'hanno gonfiato di botte!

Il gesto può avere anche i seguenti significati:

Fortuna:
Ha una fortuna così/ha un culo così!**
L'espressione "avere culo" in italiano può significare anche avere fortuna. La sua origine risale al fatto che un sedere largo significhi anche avere i fianchi ed il bacino larghi, i quali a loro volta sono di ausilio per le partorienti durante il parto; quindi la fortuna di attenuare i dolori del travaglio/parto.

Un ulteriore motivo della fortuna di possedere un sedere grosso risale ai tempi di carestia e miseria in cui si soffriva la fame. L'immagine di un corpo paffuto e quindi ben nutrito. Un corpo ed un sedere grasso, venivano associate alla fortuna di avere cibo sufficiente e di non dover soffrire la fame.

Conseguenza negativa:
Mi hanno fatto un culo così!**
Espressione usata da colui che ha dovuto subire un pesante rimprovero, una prova d'esame difficile, un lavoro lungo, pesante, complicato, stressante, una sonora sconfitta in una competizione sportiva, ecc.

Fatica:
Mi sono fatto un culo così!**, "Sbattersi"*,"Farsi il culo"** sono espressioni forti e volgari usate per indicare lo sforzo fisico impiegato dopo una faticosa giornata di lavoro, l'impegno nella realizzazione di un progetto, la fatica investita per convincere qualcuno ad aderire oppure desistere da un determinato intento o idea.

85 - Ti spacco la testa! Ich spalte Dir den Schädel auf!

Origine: Napoli, Italia meridionale

Espressioni verbali corrispondenti:
Ti rompo la testa! Ti spacco le corna!** (volgare)

Come si fa il gesto:
Tramite un movimento repentino del braccio, si porta la mano a taglio oppure ad ascia in posizione verticale al centro della fronte.

Spiegazione:
La lama di un oggetto contundente come può esserlo quella di un'ascia è il simbolo riprodotto da questo gesto di minaccia, il cui esplicito intento non lascia dubbi sulle conseguenze che potrebbero investire l'interlocutore che ci ha dato fastidio, minacciato o che abbia addirittura messo in pericolo la nostra vita. Nell'espressione "Ti spacco le corna!" l'allusione alla forza indomita del toro, rivela la necessità di colpirlo direttamente alla testa e precisamente alle sue corna, simbolo della sua immensa energia.

86 - Ti acceco tutti e due gli occhi! Ich stech dir die Augen aus!

Origine: Italia centro-meridionale

Espressioni verbali corrispondenti:
Ti cavo gli occhi! Ti acceco!

Come si fa il gesto:
L'indice e il medio divaricati a forma di "V" vengono puntate in posizione orizzontale all'altezza degli occhi del destinatario.

Spiegazione:
Torna nuovamente in evidenza la funzione di attacco/offesa delle mani. Nella fattispecie, le dita costituiscono un'arma contundente intenta ad accecare il nostro avversario per renderlo innocuo. Un comportamento analogo si riscontra anche tra gli animali rapaci che dispongono di artigli affilatissimi, come ad esempio i felini, alcuni volatili, ecc.

POLLICE VERSO

Daumen nach unten

87 - Giù!

Runter

Origine: Antica Roma

Espressioni verbali corrispondenti:
Battuto! Vinto! Accoppato! Eliminato! Distrutto! Versami da bere!

Come si fa il gesto:
Il pollice teso con la mano stretta a pugno viene agitato vigorosamente verso il basso. Il gesto può essere eseguito anche in assenza di movimento, puntando semplicemente il pollice verso il basso.

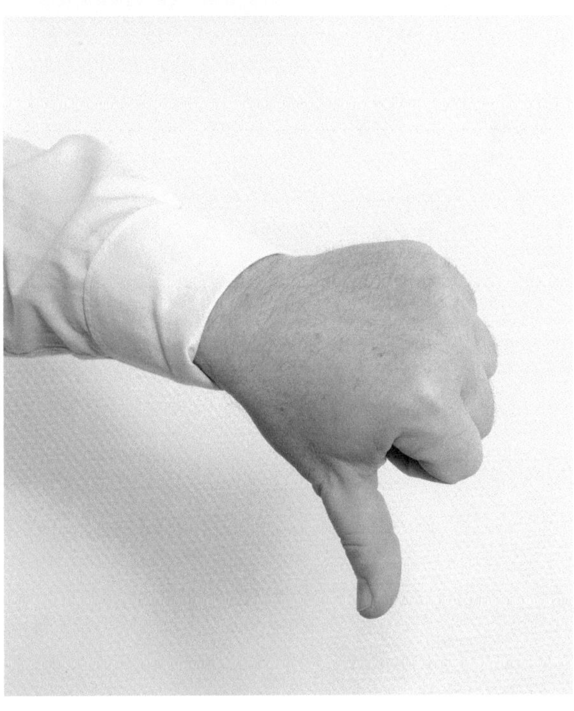

Spiegazione:

1. Significato negativo: Mors tua vita mea! Erroneamente si pensa che con questo gesto si condannava a morte il gladiatore battuto nell'arena. Il pollice verso, rivolto in basso perché il pubblico sedeva in posizione elevata rispetto al cerchio dell'arena, rappresenta la spada che trafigge il corpo del malcapitato, il quale secondo il giudizio degli spettatori non si era battuto valorosamente e non meritava quindi di essere risparmiato. Tanto tempo è passato, il gesto è sopravvissuto ed il suo significato per fortuna oggi non priva più nessuno della propria vita, ma è indicatore di un responso o giudizio negativo.

2. Un ulteriore significato odierno del medesimo gesto sostituisce il verbo versare. Maggiormente usato quando si vuole autorizzare qualcuno a versare ancora vino nel nostro bicchiere o un cicchetto per la correzione del caffè.

88 - Ho fame! Ich habe Hunger!

Origine: Italia

Espressioni verbali corrispondenti:
Sto morendo di fame! Non ci vedo dalla fame! Ho una fame da lupi!

Come si fa il gesto:
La mano aperta a taglio con le dita unite e distese batte una o più volte sul fianco o direttamente su un lato all'altezza dello stomaco.

Spiegazione:
Quando si ha fame di solito si ha la pancia vuota, portando la mano sullo stomaco, si indica che é vuoto e quindi va riempito con il cibo.

89 - Ho sete! Ich habe Durst!

Origine: Italia

Espressioni verbali corrispondenti:
Sto morendo di sete! Ho la gola secca! Alzare il gomito!

Come si fa il gesto:
Il pollice e il mignolo della mano vengono distesi mentre le altre tre dita restano chiuse simulando un'immaginaria bottiglia in cui il pollice si avvicina alla bocca come fosse il collo della bottiglia stessa.

Spiegazione:
La mano chiusa a pugno e il pollice teso formano una bottiglia con il collo inclinato verso la bocca.

Ubriacone!
Questo gesto indica anche una persona che non disdegna il consumo regolare o occasionale di alcol. Il significato preciso si evince dal contesto specifico; ad esempio, se alla domanda "cosa hai fatto ieri sera?" qualcuno risponde con questo gesto intende dire che ha bevuto un bicchiere di troppo o che si è ubriacato. Se invece viene chiesto se una certa persona è solita bere alcol, mediante tale gesto dico che è un ubriacone o peggio un alcolista.

90 - Una tazzina di caffè! Eine Tasse Kaffee!

Origine: Napoli, Italia

Espressioni verbali corrispondenti:
Un caffè! Un caffettino! Un caffè espresso!

Come si fa il gesto:
Le punte del pollice e dell'indice si toccano mentre le altre tre dita restano distese.

Spiegazione:
I polpastrelli che combaciano uno sull'altro imitano la mano che stringe il manico di una immaginaria tazzina davanti alla bocca. La mano viene fatta ruotare in direzione della bocca come quando si beve realmente una tazzina di caffè.

91 - È magro così! / Er ist spindeldürr!

Origine: Italia

Espressioni verbali corrispondenti:
È secco! È uno stuzzicadente/stecchino!
È pelle e ossa!

Come si fa il gesto:
La mano chiusa a pugno, il dito mignolo disteso punta verso l'alto. In alcuni casi il gesto può essere accompagnato dalla contrazione delle guance al fine di conferire maggiore accento allo stato di magrezza.

Spiegazione:
Il mignolo, la parola stessa lo dice, è il dito piccolo e anche il più sottile e scarno, (letteralmente senza carne). Magra, quindi scarna è la persona che si indica con questo gesto. Se si conviene sul fatto che una misurata rotondità di certe forme fisiche conferisce al corpo una certa armoniosità, va da se che tramite questo gesto l'individuo così definito oltre ad essere magro presenta un aspetto fisico spigoloso e disarmonico.

92 - Grassone! Fettwanst!

Origine: Napoli, Italia meridionale

Espressioni verbali corrispondenti:
Ciccione! Cicciotto! Bomba! Palla/Barile di lardo! Balena! *Chiattone!* (dialetto napoletano)

Come si fa il gesto:
Vi sono sostanzialmente due modi per imitare tale gesto. Nel primo gli avambracci vengono sospinti verso l'esterno per indicare un fisico corpulento. Se oltre alla stazza fisica si vuole sottolineare che la persona interessata è dotata anche di un faccione "rotondo come la luna" o di una "testa come un vitello", cioè di grandi dimensioni, il gesto viene accompagnato dalle guance gonfiate.
Il secondo gesto viene ottenuto spingendo i gomiti piegati verso l'esterno con le braccia in posizione orizzontale e le mani a pugno contrapposte all'altezza dello stomaco.

Spiegazione:
La mimica di tale gesto è eloquente: un corpo massiccio di notevole mole ed una faccia larga e grassottella.

93 - Ieri! In passato! Gestern! In der Vergangenheit!

Origine: Italia

Espressioni verbali corrispondenti:
In passato! Acqua passata! Tanto tempo fa! Una volta! Lasciarsi qualcosa alle spalle.

Come si fa il gesto:
La mano aperta viene spinta ripetutamente all'indietro sopra la spalla.

Spiegazione:
Quando parliamo del passato usiamo spesso anche la parola indietro: "tempo indietro, se andiamo indietro nel tempo, ecc.". La mano gettata all'indietro ricalca visualmente ciò che si trova alle nostre spalle, quindi trascorso, passato. Il gesto esprime anche il tempo trascorso, dimenticato in un passato sia prossimo che remoto al quale oggi il gestuante non da più molto peso e tramite questo gesto ne sottolinea la sua distanza fisica e simbolica.

94 - Oggi! Adesso! Qui! Heute! Jetzt! Hier!

Origine: Italia

Espressioni verbali corrispondenti:
Ora! Adesso! In questo momento/istante! Esattamente qui!

Come si fa il gesto:
La mano a pugno con la punta dell'indice teso che indica verso il basso.

Spiegazione:
Quando si punta il dito su qualcuno o qualcosa, l'intento è quello di voler focalizzare lo sguardo su un punto ben definito. Quando vogliamo fissare un incontro, un appuntamento o altro, le domande ricorrenti sono quasi sempre due. La prima è "quando?", alla quale molti italiani esibiscono l'indice puntato con fermezza verso il basso (adesso, oggi), un movimento che puntualizza ed interrompe simbolicamente il trascorrere del tempo. Dopodiché vogliamo sapere "dove?" avrà luogo l'incontro e il medesimo gesto ce lo indica con precisione "qui!" in questo luogo.

95 - Domani! In futuro! Morgen! In Zukunft!

Origine: Italia

Espressioni verbali corrispondenti:
Un altro giorno! Un'altra volta! La prossima volta! Dopo! Più tardi! Poi! In un secondo momento! In un'altra occasione!

Come si fa il gesto:
L'indice teso o l'intera mano rovescia compie una serie di movimenti rotatori formando immaginari cerchi nell'aria. Talvolta i cerchi vengono ripetuti fino a distendere l'intero avambraccio.

Spiegazione:
Una simbolica capriola che ruotando si allontana dal punto di partenza. I cerchi sostituiscono le ruote di un immaginario veicolo, in questo caso la mano che si allontana dal corpo, dal presente. Questo allontanarsi dal presente può essere un semplice messaggio temporale. Spesso, però, viene anche esibito per interrompere un discorso, una conversazione sgradita oppure per liberarsi di una persona assillante, come a dire: rimandiamo la conversazione ad un'altra occasione.

Attenzione:
Il medesimo gesto viene usato con un significato del tutto diverso, vale a dire per indicare la posizione di un oggetto o di una persona nello spazio, ad esempio: dall'altra parte della piazza/strada, città, frontiera! Oppure: Sul lato opposto! Sull'altra sponda del mare, lago, fiume!

96 - Tonto! Trottel!

Origine: Napoli

Espressioni verbali corrispondenti:
Che c'entra quello! Che ci fa quel fesso qui! Tonto! Ingenuo! Fessacchiotto! Coglione!**(volgare)

Come si fa il gesto:
L'avambraccio teso verso l'alto con la mano a borsa salgono e scendono facendo ruotare contemporaneamente il pugno.

Spiegazione:
Persona goffa che indica che qualcuno si trova al posto sbagliato nel momento sbagliato. Oppure persona indesiderata, invadente e fuori luogo.
A Napoli si definisce "battilocchio" una persona ingenua, credulona, impacciata. Il battilocchio era una cuffia che copriva anche gli occhi e si indossava prima di coricarsi. Un copricapo calato fin sopra gli occhi ricorda i movimenti goffi e la vista offuscata di chi non è del tutto sveglio e presente.

97 - Credulone! Naivling!

Origine: Napoli

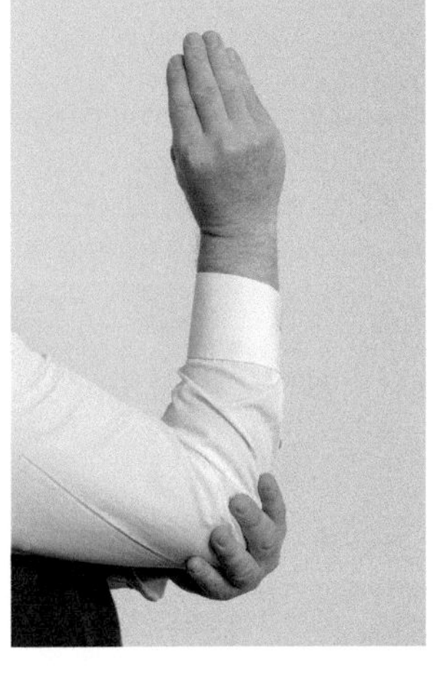

Espressioni verbali corrispondenti:

Sei un pollo! Hai l'intelligenza di una gallina! Stupido come una gallina! Hai abboccato come un pollo! *Chiò Chiò*/Pio Pio! (dialetto napoletano).

Come si fa il gesto:

Si erige la mano a borsa e le punte delle dita vengono oscillate verso l'interlocutore mediante l'articolazione del gomito.

Spiegazione:

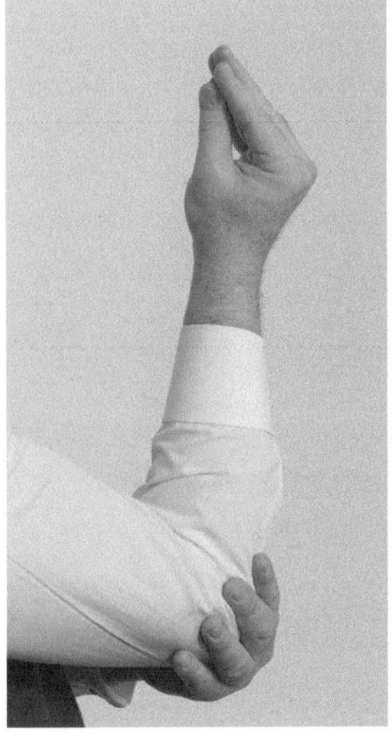

Di una persona facilmente impressionabile, ingenua e credulona si dice che sia "un pollo", basandosi sulla credenza, tutt'altro che vera, della scarsa intelligenza comunemente attribuita ai pennuti da cortile. Osservando il gesto sopra, salta agli occhi la sua somiglianza con il collo e la testa di una gallina, rispettivamente l'avambraccio e la mano a borsa. Questa versione trova una sua legittimazione nel verso tipico della gallina che a Napoli si dice "chiò chiò" (pio pio), verso che sostituisce verbalmente e spesso accompagna il gesto stesso. Vi è un'altra spiegazione di una crudeltà inaudita: un tempo (forse ancora oggi?) si usava accecare i fringuelli con l'erronea credenza di aumentarne le qualità canore. Il malcapitato cinguettava, cieco e ignaro di ciò che gli succedeva intorno. La mano a borsa che si alza e si abbassa sull'avambraccio riproduce l'abbassamento della testa, l'atteggiamento subordinato di chi esprime un incondizionato "sì".

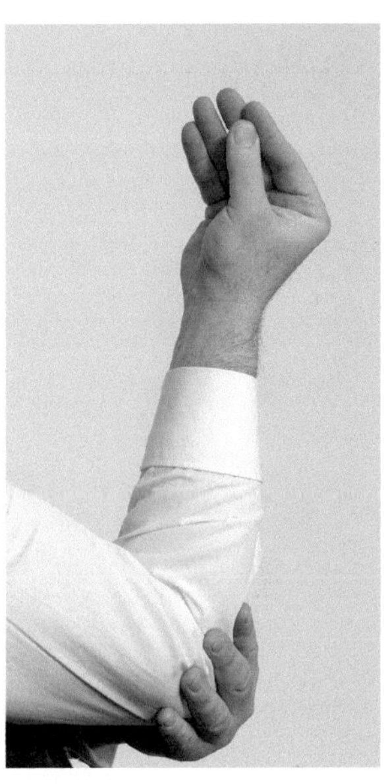

98 - Sciocco! **Dummkopf!**

Origine: Napoli

Espressioni verbali corrispondenti:
Sei un ingenuo! Sei uno stupido! Credulone!

Come si fa il gesto:
L'avambraccio destro in posizione verticale e la mano a borsa dritta compiono lievi rotazioni sullo snodo del gomito, poggiato a sua volta sulla mano sinistra.

Spiegazione:
Come nel gesto precedente, la mano a borsa che ruota simboleggia la testa di una persona facilmente ingannabile. Ingannare è sinonimo di raggirare (girare intorno) e questo è rappresentato dalla rotazione della mano a borsa. In alcuni dialetti centromeridionali il destinatario di questo gesto viene anche definito "torsolo", quindi di nessun valore, da buttare. L'irrisorietà di questo gesto trae la sua connotazione ironica dall'ingenuità e dalla creduloneria ma anche dalla presunta immaturità di una persona.

99 - Tiratina d'orecchi! Die Ohren lang ziehen!

Origine: Italia

Espressioni verbali corrispondenti:
Orecchie d'asino!

Come si fa il gesto:
L'indice e il pollice uniti tirano il lobo o la parte superiore dell'orecchio.

Spiegazione:
I più anziani non hanno certo dimenticato la bacchetta e le bacchettate sul palmo o peggio ancora sul rovescio delle mani. Un gesto particolarmente odioso era anche l'atto, da parte dell'insegnante, di tirare le orecchie agli scolari che non tenevano il passo con il ritmo delle lezioni o ritenuti particolarmente "testoni", insomma quei poveretti che in un modo o nell'altro avevano difficoltà d'apprendimento, non da ultimo per incapacità anche dell'insegnante! In questi casi, non di rado, l'insegnante tirava le orecchie del malcapitato di turno fino a quando questi non gridava dal dolore. Orecchie arrossate e gonfie ne erano la visibile conseguenza. Puro sadismo, abuso di potere da parte di certi insegnanti particolarmente autoritari. Anche a Pinocchio, tutt'altro che scolaro modello, nella celeberrima favola di Collodi, crescono le orecchie d'asino. Cos'ha a che vedere questo lungo preambolo con la tiratina d'orecchi? Beh, sembra che prima i Greci e più tardi anche i Romani credessero che il centro della memoria e quindi dell'intelligenza risiedesse proprio nella zona in prossimità dell'orecchio e che tirandolo se ne potesse stimolare l'attività apparentemente disattivata!

Oggi il gesto è caduto in disuso, le punizioni corporali sono proibite per legge, anche se purtroppo le cronache dei giornali fin troppo spesso ci rammentano del suo contrario. Ci è rimasta però l'espressione, talvolta ironica altre volte perentoria "ci vorrebbe una tiratina d'orecchi!" come atto di condanna o come solerte promemoria verso negligenze, dimenticanze, comportamenti che contrastano con la morale e l'etica comune.

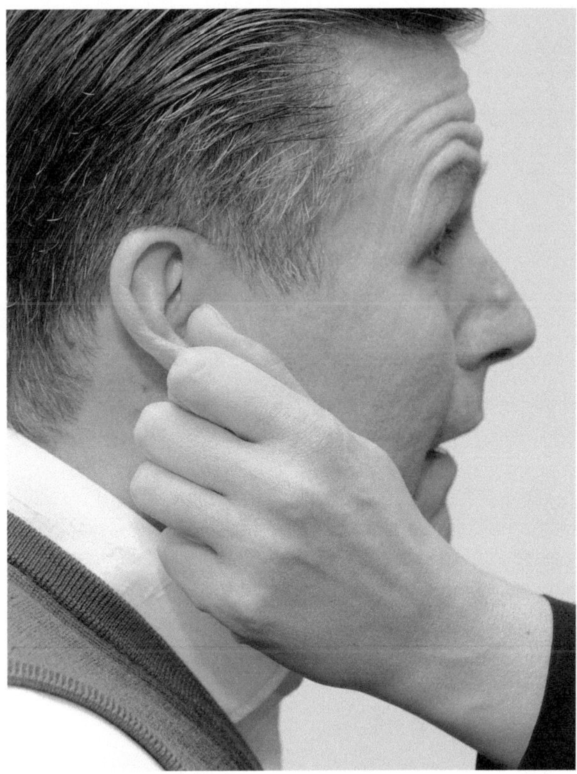

100 - Gravidanza / Schwangerschaft

Origine: Italia

Espressioni verbali corrispondenti:
Gravidanza, essere gravida, aspettare un bambino, essere in stato interessante.

Come si fa il gesto:
Con una mano si afferra e si tira in avanti l'abito o la camicia all'altezza dell'addome. Oppure entrambe le braccia a semicerchio con le mani ricurve compiono un movimento rotatorio davanti all'addome.

Spiegazione:
Tirando gli abiti con la mano si richiama al rigonfiamento della pancia durante la gravidanza.

AVARIZIA

Geiz

101 - È tirchio!

Er ist geizig!

Origine: Italia

Espressioni verbali corrispondenti:
Avaro! Taccagno! Stretto/tirato di mano!

Come si fa il gesto:
La mano viene stretta a pugno e pressata sul petto. Il gesto può essere compiuto anche con entrambi i pugni.

Spiegazione:
L'indice, la mano che punta il petto esprime generalmente "io, me, me stesso". Il pugno ben serrato simboleggia qui la volontà ferrea di arraffare, blindare e proteggere ogni cosa al suo interno. La pressione esercitata sul petto, simbolo dell'"IO", rivendica il diritto di proprietà di ciò che si possiede e l'indisponibilità a condividerne il contenuto con gli altri.

Un'ulteriore variante di questo gesto viene effettuata tirando indietro di scatto il pugno serrato all'altezza del torace.

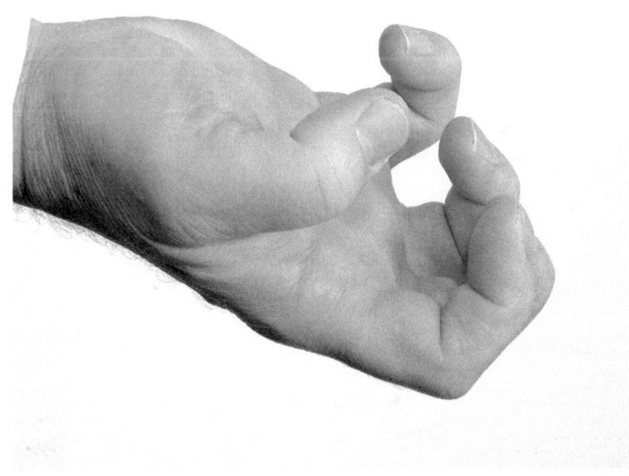

102 - La metà!

Die Hälfte!

Origine: Italia

Espressioni verbali corrispondenti:
Tagliato a metà! Diviso in due parti uguali! Spaccato a metà!

Come si fa il gesto:
La mano a taglio o ad ascia compie un movimento secco e veloce dall'alto verso il basso.

Spiegazione:
La mano taglia e divide simbolicamente in due parti lo spazio davanti al corpo, esattamente come farebbe un'ascia che si abbatte sopra un pezzo di legno o un coltello che taglia una mela a metà.

103 - Un pezzo! Ein Stück!

Origine: Napoli, Italia meridionale

Espressioni verbali corrispondenti:
Nu piezze e pane! Un pezzo di pane! *Na zoccola accussì!* Un ratto grande così! (dialetto napoletano)

Come si fa il gesto:
La mano a taglio viene posizionata sull'avambraccio dell'altra mano piatta con le dita tese in avanti

Spiegazione:
Si evidenzia così la dimensione del pezzo che si vuole indicare.

Attenzione!
Il medesimo gesto viene usato anche per indicare le dimensioni del membro maschile.

104 - Un pochino! Ein wenig!

Origine: Italia centro-meridionale

Espressioni verbali corrispondenti:
Un poco! Un pezzettino! Qualcosina!
Piccolo così, poco, un pezzettino, un pochino.

Come si fa il gesto:
Il pollice viene posizionato sulla punta dell'indice in prossimità dell'attaccatura dell'unghia.

Spiegazione:
Il gesto indica quantità o dimensioni di minuta entità: le espressioni vernacolari che accompagnano o sostituiscono questo gesto in dialetto romanesco e in napoletano "na antecchia" significano entrambi "una briciola" ed indicano quantità e dimensioni ridotte, piccole come una mollica appunto.

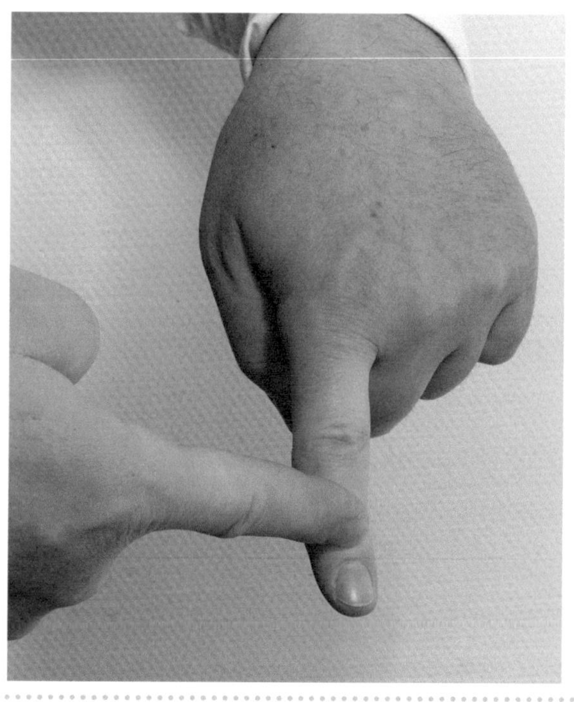

105 - Niente da fare!
Da ist nichts zu machen!

Origine: Italia

Espressioni verbali corrispondenti:
Niente! Non va! Non si può! Non c'è! Non c'è più niente da fare! È finito! Non cè più! Non ce n'è!

Come si fa il gesto:
Il pollice e l'indice distesi "a pistola", la mano in questa posizione compie brevi oscillazioni ruotando sull'articolazione del gomito.

Spiegazione:
Agitare le dita, l'indice in particolare, esprime in genere messaggi forti, chiari, concreti, siano essi di rifiuto o di accettazione.

In questo caso il ruotare di simboli percepiti come modello di solidità e sicurezza, pollice e indice, comunicano instabilità e sovvertono l'attesa positiva dell'interlocutore. Il ruotare manifesta che una determinata situazione, un fatto, una dinamica si è capovolta e ciò che si dava per scontato, ad esempio: un'aspettativa, un desiderio una speranza non possono più essere soddisfatti.

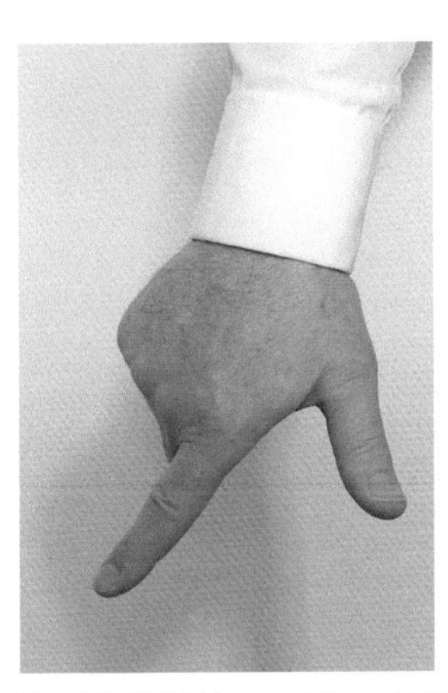

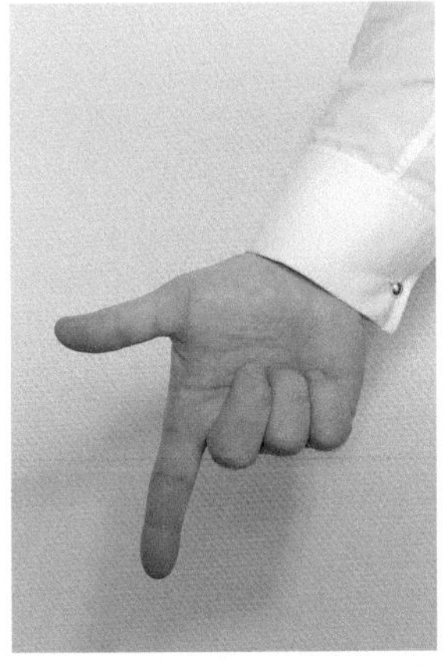

106 - È gay! Er ist homosexuell!

Origine: Italia

Espressioni verbali corrispondenti:
Gay! Omosessuale! Pederasta* Finocchio!** È una checca!** Frocio**, Culattone**, Recchione**, Invertito**. (volgare)

Come si fa il gesto:
L'indice tocca o colpisce lievemente il lobo oppure la parte inferiore dell'orecchio.

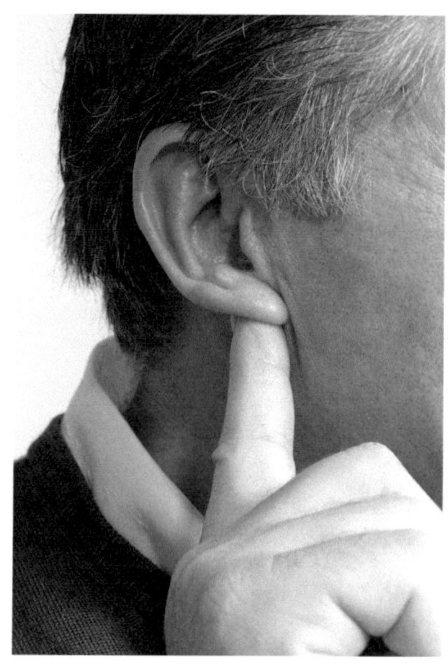

Spiegazione:
Questo gesto indica che qualcuno è omosessuale. Nella quasi totalità dei casi è riferito ad una terza persona. Perché si chiama in causa proprio l'orecchio? Perché è qui che, fin dall'antichità, le donne portano gli orecchini, diminutivo di orecchio, da cui deriva anche l'espressione vernacolare e volgare "recchione". Toccando l'orecchio con la punta dell'indice si vuole far presente quindi la femminilità di un uomo. Più singolare e macabra sembra invece essere l'espressione "finocchio", che viene fatta risalire all'epoca della caccia alle streghe. Forse qualcuno ignora che le vittime dell'inquisizione non erano soltanto donne, ma qualsiasi persona sulla quale si abbatteva il benché pur minimo sospetto di eresia. Per quanto riguarda l'omosessualità, pur essendo da sempre diffusissima anche all'interno dell'apparato ecclesiastico, non occorreva obbligatoriamente un sospetto, esserlo era di per sé una colpa gravissima, a prescindere dalle colpe ufficiali a loro attribuite, donne e omosessuali venivano condannati al rogo principalmente anche per i seguenti due motivi: le prime praticavano l'aborto, i secondi non generavano figli. Colpe gravissime per la morale dell'epoca, la cui validità per la chiesa cattolica non ha subito quasi alcun cambiamento fino ad oggi. Sul rogo quindi finivano anche gli omosessuali. Ma che c'entra il finocchio? Beh, come tutti sanno è una pianta aromatica dal profumo intensissimo, molto usata tra l'altro anche in cucina. Si dice che il finocchio selvatico, che in Italia cresce spontaneamente un po' dappertutto, veniva aggiunto alla legna del rogo come macabro accorgimento olfattivo allo scopo di manipolare gli sgradevoli effetti di carne umana bruciata che si spargeva nelle piazze e nelle strade circostanti!

107 - Insieme

Zusammen

Origine: Italia

Espressioni verbali corrispondenti:

Tutte e due le cose. Tutti/e e due. L'uno e l'altro! Questo e quello! Riguarda entrambi. Sono entrambi presenti/assenti/ coinvolti/ esclusi colpevoli/innocenti, ecc.

Come si fa il gesto:

La mano stretta a pugno mentre l'indice e il pollice semicurvi compiono un movimento oscillatorio.

Spiegazione:

È un gesto che mette in rilievo comunanza, complicità, collaborazione e condivisione di modi, tempi, e luoghi tra due individui. I soggetti sono rappresentati da pollice ed indice mentre lo spazio operativo nel quale agiscono viene delimitato dalla curvatura delle dita. L'oscillazione delle dita indica concordanza di idee nell'ambito di una discussione, in un progetto da realizzare, scopi da raggiungere.

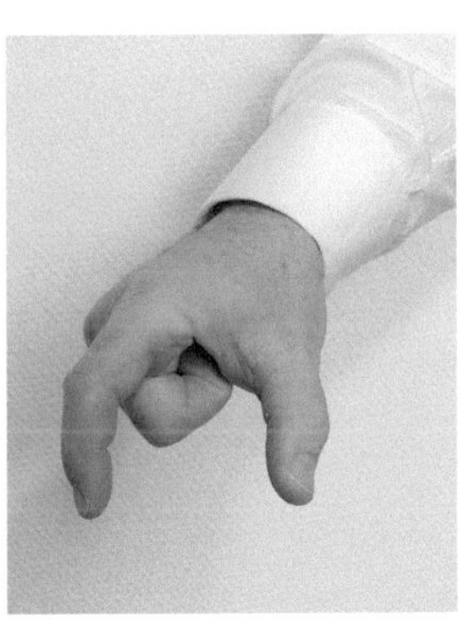

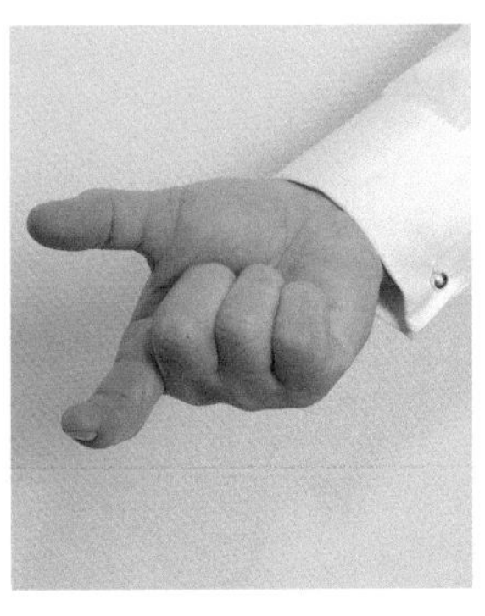

108 - Ripetilo! Wiederhol es noch einmal!

Origine: Italia

Espressioni verbali corrispondenti:
Ripeti, per favore! Dillo un'altra volta! Fallo un po' di nuovo!

Come si fa il gesto:
Pollice e indice tesi ruotano all'altezza dell'orecchio o del petto. Le altre dita restano chiuse.

Spiegazione:
Può essere un semplice invito a ripetere ciò che l'interlocutore ha già detto o fatto e che non abbiamo ben compreso. Oppure abbiamo sentito e compreso benissimo, ma ciò che ci è giunto alle orecchie non è né una lusinga né un complimento bensì una minaccia o un'offesa, un tentativo di discredito nei nostri confronti. In questo caso la mimica del viso si fa severa e l'invito si trasforma in minaccia o direttamente in ordine. La minaccia viene resa ancora più esplicita se al gesto accompagniamo frasi del tipo "Dillo di nuovo se ne hai coraggio! Fallo ancora e vedrai!" Naturalmente il potenziale conflitto può trasformarsi facilmente in realtà poco piacevoli se l'interlocutore ripete ciò che gli viene chiesto. E' superfluo rammentare che va evitato in situazioni formali.

109 - Io | Ich

Origine: Italia

Espressioni verbali corrispondenti:
Per me... Secondo me... Secondo la mia opinione... A mio parere... Io la penso così!

Come si fa il gesto:
Mano a pugno, l'indice teso viene puntato sul petto. Talvolta si porta la mano aperta sul petto.

Spiegazione:
Il gesto muto sostituisce il pronome personale in prima persona: IO. Il significato di questo gesto però viene effettuato anche per dare maggiore risalto o enfasi alle proprie parole. Tale effetto viene accentuato battendo la mano o l'indice due, tre volte sul petto. Un gesto usato anche in contesti informali.

Origine: Italia

Espressioni verbali corrispondenti:
Tu/Lei! Sei tu/è Lei che intendo! L'ho detto a te/Lei! Sei stato tu/è stata Lei! È colpa tua/Sua!

Come si fa il gesto:
Braccio piegato, pugno chiuso con l'indice teso che punta diritto l'interlocutore.

Spiegazione:
Questo è uno di quei gesti in cui il tono della voce e l'espressione del volto, soprattutto dello sguardo, determinano di volta in volta l'intenzione indirizzata all'interlocutore: neutrale, amabile, interrogativa, arrogante, irritata, irosa, irriverente, spregevole, ironica, ecc. Fatta eccezione dei suoi significati positivi ed ovviamente di quello neutrale, questo gesto va assolutamente evitato per le sue connotazioni offensive. Si può però ricorrere all'uso di questo gesto, sostituendo il confidenziale (TU) con la forma di cortesia (LEI).

Dato il suo significato fortemente intimidatorio/accusatorio, l'indice teso rivolto contro l'interlocutore italiano nel corso di una regolare comunicazione verbale andrebbe evitato. Eccetto i casi in cui si voglia esprimere una legittima ed esplicita accusa.

111 - Lui/Lei Er/sie/es (Singular)

Origine: Italia

Come si fa il gesto:
Braccio piegato, mano a pugno con l'indice teso che indica una terza persona. Al contrario del gesto precedente (TU) non di rado effettuando questo gesto il dito indica una direzione diagonale.

Espressioni verbali corrispondenti:
(vedi gesto precedente TU)

Spiegazione:
(vedi gesto precedente TU)

112 - Noi Wir

Origine: Italia

Come si fa il gesto:
1. Mano a pugno, indice teso rivolto verso l'interno. Mano e indice teso ruotano in senso orario o antiorario.
2. Mano a pugno indice e medio tesi rivolti verso l'esterno ruotano in senso orario o antiorario.

Spiegazione:
Oltre al pronome personale della prima persona plurale NOI, viene usato anche per indicare o mettere in risalto un legame comune, l'appartenenza ad un gruppo, comunità, progetto, piano, così come per una comune ammissione di colpa, meriti, difetti suddivisa con gli interlocutori.

113 - Voi **Ihr**

Origine: Italia

Come si fa il gesto:
Pugno chiuso, indice teso verso l'esterno compie un gesto rotatorio in aria più o meno piatto o in verticale rispetto agli interlocutori. Come per il precedente pronome personale della prima persona plurale NOI, anche questo gesto può essere effettuato con due dita accostando all'indice il dito medio.

114 - Loro **Sie (Plural)**

Origine: Italia

Espressioni verbali corrispondenti:
Gli altri! Quelli lì! Coloro!

Come si fa il gesto:
La mano a pugno con l'indice teso compie un movimento verso l'esterno o verso l'alto rispetto al corpo. Il gesto può essere compiuto anche con due mani.

Spiegazione:
Il braccio con l'indice teso induce l'interlocutore a volgere lo sguardo verso l'esterno rispetto allo spazio occupato da colui che compie il gesto, producendo così l'effetto ottico di rimandare mentalmente o di individuare direttamente in loco le persone verso cui si vuole proiettare lo sguardo o l'interesse dell'interlocutore. L'impiego di entrambe le mani conferisce maggiore plasticità a tale proiezione.

115 - Preciso! Exakt!

Origine: Italia

Espressioni verbali corrispondenti:
È preciso! Esatto! Esattamente! Proprio così! Giusto! Giustamente! Fatto a regola d'arte!

Come si fa il gesto:
L'indice e il pollice uniti a occhiello mentre le altre dita vengono distese. La mano in questa posizione compie, senza indugi, un movimento in senso orizzontale oppure in verticale rispetto al corpo.

Spiegazione:
Il cerchio è sinonimo di perfezione ed armonia, così come l'occhiello a forma di cerchio costituito dall'unione di indice e pollice indica precisione, esattezza, e perfezione di qualcosa o qualcuno. Il simbolismo del gesto dell'OK italiano ha radici simili, anche se il gesto viene eseguito in maniera differente.
La linea tracciata dal movimento orizzontale o verticale svolge funzioni complementari e di esaltazione del gesto stesso, paragonabile alla linea che tracciamo per sottolineare una parola o una frase scritta.
L'origine del gesto sembra risiedere nel campo dell'architettura e delle costruzioni edili. L'Italia vanta una tradizione plurimillenaria in questo settore, dall'Antica Roma ad oggi: strade, ponti, dighe, monumenti, palazzi, chiese, castelli, torri, aeroporti, insomma tutto ciò che forma una città, uno Stato e le sue infrastrutture hanno fatto la storia dell'architettura del pianeta.
Qualsiasi oggetto prima di essere costruito deve essere disegnato. In questo gesto la linea retta tracciata dalla mano in senso orizzontale trarrebbe origine dalle rette tracciate dall'architetto nella realizzazione del disegno mentre il gesto effettuato in senso verticale sarebbe la linea perpendicolare del filo a piombo impiegata nei cantieri.

Il gesto vuole comunicare all'interlocutore la precisione di ciò che si sta raccontando o ascoltando. E' come se affermasse che precise e pertinenti sono la scelta lessicale e la fondatezza degli argomenti trattati, precisa e fedele è l'esposizione di fatti e parole.
La linea verticale inoltre può essere usata per esprimere giudizi su forme e oggetti disposti, appunto, in maniera verticali, come ad esempio: la tenda di una finestra che scende spiovente e regolare sul pavimento, una giacca, un vestito, un paio di pantaloni perfettamente in linea sul corpo di chi li indossa, un paio di stivali che calzano alla perfezione, ma anche una bella pianta, un tronco d'albero dritto, una bella capigliatura lunga, una colonna, la facciata di un palazzo, un campanile, una torre che si stagliano dritte verso l'alto, ecc.

116 - Ladro! Dieb!

Origine: Napoli/Italia meridionale

Espressioni verbali corrispondenti:
È un ladro! Rapinatore! Borseggiatore!
Mariuolo! (dialetto napoletano)

Come si fa il gesto:
Partendo dal mignolo fino all'indice, le dita vengono portate verso il centro della mano. Al tempo stesso la mano compie un leggero movimento rotatorio a spirale.

Spiegazione:
Nelle dita che si attorcigliano qualcuno intravede gli artigli di un predatore, altri i tentacoli di una piovra, tutti però concordano sul fatto che entrambi gli animali compiono l'atto di agguantare la preda. Il gesto indica l'atto di rubare, vale a dire prendere e nascondere alla svelta prima che qualcuno possa accorgersene.
Nel dialetto napoletano ladro si dice "mariuolo" che deriva a sua volta da Santa Maria, la madre di Cristo. Quindi una piccola Maria poi trasformata in sostantivo maschile. Ma perché mai una piccola Maria è sinonimo di ladro?
La sua origine sembra essere connessa con la processione in onore della festa delle Marie svoltasi fino al X secolo. In quest'occasione dodici bellissime ragazze sfilavano facendo sfoggio di abiti bellissimi e preziosi. Successivamente le ragazze furono sostituite da figure grandi o piccole chiamate rispettivamente "Marione" e "Marionette" o "Mariole". Scopo di tali figure, e in precedenza delle ragazze in carne ed ossa, era quello di ricordare il rapimento delle donne da parte dei Saraceni nel corso delle loro scorribande lungo le coste della penisola italiana. (adattato da: Comme te l'aggia dicere?/Bruno Paura, Marina Sorge)

Sullo stesso argomento il Pitrè scrive:
Le cinque dita che l'uno dopo l'altro, ma quasi ad un tempo si piegano in forma di ventaglio sul palmo della mano accusano ladroneggio. Chissu pirchì fu arristatu?/Questo perché è stato arrestato? Dimanda uno; e un altro risponde, invece che con le parole, con le dita: Pirchì arrubau/ Perché ha rubato.

"E un mariuolo!" Celeberrima è rimasta nella memoria degli italiani questa affermazione dell'allora Presidente del Consiglio italiano, Bettino Craxi, in occasione dell'arresto di Mario Chiesa, appartenente al suo stesso partito, colto in flagrante dagli agenti della Guardia di Finanza subito dopo aver intascato una mazzetta che qualcuno gli aveva appena consegnato nel suo ufficio al fine di ottenere un vantaggio personale. La procura di Milano avviò così un'azione giudiziaria che portò alla luce un sistema capillare di corruzione estesa ad ogni settore della vita del Paese, la cosiddetta Tangentopoli. La corruzione era di proporzioni talmente vaste che nell'arco di qualche mese portò alla scomparsa di tutti i partiti politici che avevano governato l'Italia fin dal dopoguerra. Il governo cadde e per evitare l'arresto, il presidente Craxi scappò in Tunisia dove morì qualche tempo dopo.

SCOMPARIRE — Verschwinden

117 - È scomparso nel nulla! — Er hat sich in nichts aufgelöst!

Origine: Italia

Espressioni verbali corrispondenti:
È scomparso! È svanito/sparito nel nulla!
Si è volatilizzato! Si è dileguato/dissolto nel nulla!

Come si fa il gesto:
La mano a sacchetto con le punte delle dita convergenti verso il pollice viene posizionata davanti alla bocca quasi a sfiorare le labbra con il palmo rivolto in alto. Con la bocca si soffia sulle dita che si aprono a ventaglio verso l'interlocutore.

Spiegazione:
L'atto informale di soffiare sul palmo aperto della mano mentre le dita tese si aprono a raggiera, comunicano in modo plastico di come qualcuno o qualcosa sia "volato via" senza lasciar tracce. Oltre all'irreperibilità di una persona, il gesto viene usato anche per esprimere la dissoluzione di un rapporto sentimentale, una amicizia, la scomparsa improvvisa di una persona o il dileguarsi di un debitore, cosi come di un affare, un contratto, un accordo, una opportunità sfumati definitivamente nel nulla. Se ne sconsiglia l'uso in contesti formali.

Differenze interculturali:
Per esprimere qualcosa di analogo in Turchia si fa ruotare la mano aperta su sé stessa.

118 - È morto!

Er ist tot!

Origine: Napoli, Italia meridionale

Espressioni verbali corrispondenti:
È deceduto! È andato in cielo! Se n'è andato! È passato a miglior vita!

Come si fa il gesto:
La mano a pugno con l'indice teso viene fatto ruotare a spirale verso l'alto.

Spiegazione:
Salvo peccati gravi quando si muore si va in cielo. Questo è ciò che prevede la religione cristiana ed in un paese dalle secolari tradizioni cattoliche come l'Italia non si fa certo fatica ad interpretare in questo gesto la traiettoria che porta diritto verso il paradiso.

C'era una volta un re di Sicilia.

Questo re venne un giorno in Palermo e intese dire che i Siciliani avevano una virtù tutta propria, quella di fare interi discorsi senza parlare. La cosa gli parve strana, e ne chiese ad uno dei suoi ministri, il quale gliela confermò pienamente. Incredulo, volle farne esperimento, e ordinò che due Siciliani gli si conducessero innanzi. Detto, fatto: due uomini del popolo, presi alla sprovvista, vennero introdotti nella regia sala, presente quel tal ministro. Il re non se ne dette per inteso, ed il ministro neppure, ma quest'ultimo guardando con la coda dell'occhio poté accorgersi che i due chiamati si guardavano furtivamente l'un l'altro, fece segno al re che li licenziasse: ed il re che non aveva visto nulla, persuaso di avere il ministro sbagliato di grosso, li congedò senz'altro. Ma il ministro che ne sapeva di più del re, gli raccontò come per via di segni e di gesti fosse passato tra quei due una specie di dialogo per domandarsi e rispondersi del perché della inattesa e grave chiamata. Il re stentò a crederci, e fattili venire a sé, e rassicuratili alquanto, volle conoscere se nulla avessero detto poco innanzi tra loro, e che cosa: e udendo né più né meno quello che il ministro gli aveva affermato, meravigliò forte di questa dei suoi sudditi di Sicilia, e non senza qualche dimostrazione del suo sovrano compiacimento rimandò alle case loro i due popolani.

G. Pitrè, Usi e costumi, credenze e pregiudizi del popolo siciliano

119 - Niente! Nichts!

Origine: Sicilia

Espressioni verbali corrispondenti:
Non ho niente! Non se ne fa niente!
Non ci esce niente! Neanche per sogno!

Come si fa il gesto:
L'indice teso viene posizionato sotto i denti anteriori e poi compie un leggero scatto in avanti.

Spiegazione:
Il dito sotto i denti anteriori ed il successivo movimento in avanti intendono mostrare che sotto i denti, in bocca non abbiamo cibo, quindi niente.

120 - Su questo non ci piove! Das steht fest!

Origine: Sicilia

Espressioni verbali corrispondenti:
La cosa è sicura/garantita! Tranquillo, è tutto a posto!

Come si fa il gesto:
L'indice disteso punta contro la mano aperta rivolta verso il basso.

Spiegazione:
La palma qui sostituisce simbolicamente un ombrello aperto, sotto il quale ci si ripara dalla pioggia. Siamo protetti, all'asciutto quindi al sicuro da spiacevoli sorprese che possano turbare la nostra serenità. "Qui non ci piove" è una diffusissima espressione italiana. Chi la pronuncia vuole comunicare che l'esito di una determinata situazione non sarà compromesso da risvolti negativi. Insomma l'interlocutore di questo gesto può fare sonni tranquilli: la cosa è sicura al cento per cento.

Attenzione!
Lo stesso gesto è conosciuto in tutta Italia con un significato del tutto differente. Infatti viene usato soprattutto tra bambini per dare la propria adesione ad un qualsiasi gioco, mettendo il proprio indice sotto il palmo della mano di un compagno, dopo l'annuncio ad alta voce di quest'ultimo: "Chi vuole partecipare al gioco?"

Nell'ambiente delle borse dei valori l'esibizione di tale gesto indica la chiusura di ogni operazione.

Origine: Sicilia

Espressioni verbali corrispondenti:
Chista è la zita! (dialetto siciliano) Questa è la fidanzata! La situazione è questa: prendere o lasciare!
Questo è quanto! Prendere o lasciare! Il fatto è questo! Mettiti l'anima in pace! O mangi questa minestra o salti da questa finestra!

Come si fa il gesto:
Le punta delle dieci dita distese e leggermente ricurve vengono unite e rivolte verso l'interlocutore. La testa compie un leggero movimento verso l'alto.

Spiegazione:
Un tempo neanche troppo lontano, in alcune località rurali della Sicilia e più genericamente del meridione d'Italia, la scelta del futuro sposo e quindi della sposa, *la zita appunto*, veniva deciso dai relativi capifamiglia. Convolare a nozze non seguiva obbligatoriamente il classico ordine: avvistamento, avvicinamento, approccio, innamoramento, fidanzamento, matrimonio. I padri di entrambi i coniugi si accordavano e decidevano che i loro relativi rampolli, una volta raggiunta l'età, sarebbero divenuti moglie e marito. Tale accordo, di regola, non teneva conto dell'assenso dei due futuri coniugi, i quali in alcuni casi non conoscevano neanche la persona con cui avrebbero dovuto mettere su famiglia. Immaginiamo la trepidazione, la curiosità, il timore, ma anche la rassegnazione e il disagio dei due promessi fidanzati al loro primo incontro.

Chista è la zita! Questa è la tua fidanzata, ti piaccia o no, bella o brutta, stupida o intelligente, alta, bassa, bionda, mora, sana o malata, tutto questo è di secondaria importanza o non conta affatto. Così abbiamo deciso e così te la devi prendere! L'argomento ha ispirato una moltitudine di romanzi, commedie, rappresentazioni teatrali e film italiani del passato.

122 - Spia! Spitzel!

Origine: Sicilia

Espressioni verbali corrispondenti:
Bugliolo! Sbirro! Latrina!

Come si fa il gesto: Indice e medio distesi vengono portati direttamente sotto le narici.

Spiegazione:
Spiuni, muffutu, cascittuni, sbirru, in siciliano significano nell'ordine: spia, latrina, sbirro. Le dita che in prossimità delle narici indicano che qualcosa o qualcuno puzza. Il confidente di polizia nel gergo mafioso viene definito "cantante o gola profonda". In altre parole la "spia" ha infranto la regola ferrea dell'omertà. Un errore irreparabile che ancora oggi si paga con la vita. Ma perché il confidente di polizia puzza? Beh, se aveva la sventura di finire in prigione, i compagni di cella lo immergevano con la testa nel bugliolo della cella, detto anche *cascittuni*/cassettone!

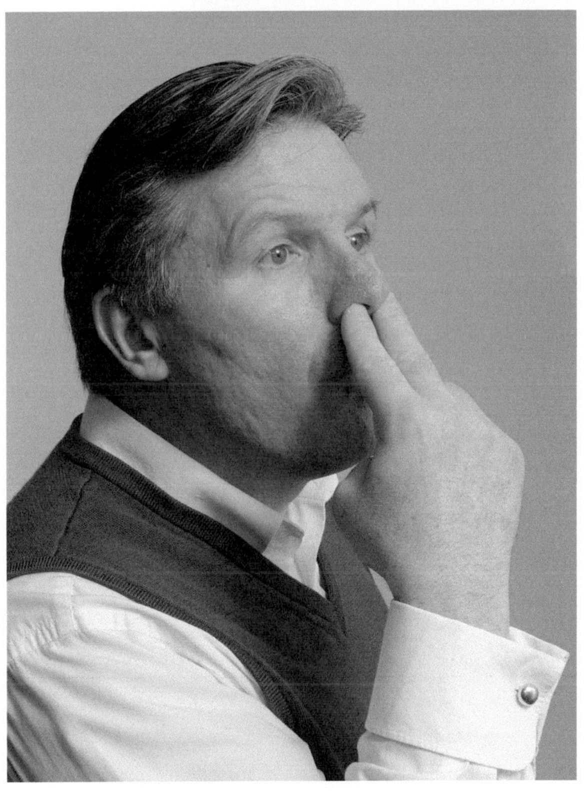

123 - Ruffiano! Kuppler!

Origine: Sicilia

Espressioni verbali corrispondenti:
Aviri lu nasu tagghiatu! (dialetto siciliano)
Avere il naso tagliato.

Come si fa il gesto:
L'indice teso viene accostato al naso con un movimento deciso.

Spiegazione:
Cosa ha a che fare questo gesto con la figura del ruffiano? La spiegazione è tanto ovvia quanto brutale: nel Medioevo in Sicilia essere ruffiano era considerata una colpa talmente grave che al malcapitato veniva amputato il naso. La punta dell'indice portata al naso imita il movimento di una lama nell'atto dell'amputazione. Tale condanna era prevista dalle Costituzioni del famoso re di Sicilia Guglielmo II durante il periodo della dominazione normanna. Ben altre mirevoli cose vengono ascritte a questo sovrano, una su tutte: la fondazione del Duomo di Monreale, gioiello architettonico unico, massima espressione artistica in stile bizantino nel mondo occidentale.

124 - Avere il naso all'insù — Hochnäsig sein

Origine: Sicilia

Espressioni verbali corrispondenti:
Aviri la nasca tisa! (dialetto siciliano) Avere il naso all'insù! Essere arrogante/insolente! Sentirsi superiore! Essere presuntuoso! Avere la puzza sotto il naso! Non avere peli sulla lingua! Avere la battuta pronta!

Come si fa il gesto:
Si colpisce leggermente la punta inferiore del naso con l'indice teso.

Spiegazione:
Camminare a testa alta, e quindi con il naso all'insù, ha significati vari: sicurezza di sé, orgoglio, una certa forma di eleganza e quant'altro. È però anche il tipico atteggiamento di chi si sente superiore agli altri e lo mostra con distacco e arroganza.

"Quando si parla di una terza persona, in particolare di una donna, il toccarsi con l'estremità dell'indice la punta del naso, sollevandola leggermente, è un modo per dichiararla, secondo le occasioni e le equivalenti espressioni del volto, ardita, rispondiera, presuntuosa, petulante..." (adattato da: Pitrè).

125 - Che brutto carattere! Schlechter Charakter!

Origine: Sicilia

Espressioni verbali corrispondenti:
Chi beddu spicchiu di mennula amara! (dialetto siciliano) Che bella mandorla amara!

Come si fa il gesto:
L'indice teso viene fatto ruotare sulla guancia.

Spiegazione:
La mandorla è uno dei frutti più diffusi in Sicilia, da cui si ricava il marzapane che costituisce uno degli ingredienti base della vasta e squisita scelta della celeberrima pasticceria siciliana. Vi sono però anche le mandorle amare, non commestibili, dal gusto pronunciatamente spiacevole. Il sapore sgradevole della mandorla amara indica qui una persona dal carattere ostile, avverso, irto, scostante.

126 - Chi lecca non secca! Die Liebe hält jung!

Origine: Sicilia

Espressioni verbali corrispondenti:
Fare l'amore. Amoreggiare.

Come si fa il gesto:
L'indice teso viene poggiato sulla punta della lingua.

Spiegazione:
L'atto di fare l'amore viene indicato con l'accostare l'indice alla lingua in modo che il polpastrello la tocchi, al tempo stesso gli occhi di chi amoreggia si rivolgono in alto fino a raggiungere dolcemente l'oggetto amato. Per spiegare quest'atto va menzionato che: *Nel dialetto siciliano la voce liccare oltre al significato di leccare, lambire, ha anche quello di fare l'amore onde si ode tante volte dire che Tizio licca con Sempronia: e liccata dicesi l'amoreggiamento. Nel proverbio Cu licca nun sicca/Chi lecca non secca, il significato è doppio, proprio, figurato, secondo le circostanze. (Pitrè)*

127 - Rosica! Das geschieht dir gerade recht!

Origine: Sicilia

Espressioni verbali corrispondenti:
Rusica! (dialetto siciliano) Rosicchia! Prenditi questo! Patisci! Soffri! Attaccati al tram! Chi se ne frega!*

Come si fa il gesto: Il braccio piegato sul gomito con la mano a pugno compie uno o più scatti avanti e indietro all'altezza del fianco.

Spiegazione:
Di fronte a persone in difficoltà o in pericolo si presta soccorso, aiuto, solidarietà, comprensione e quant'altro. In altre parole si cerca di dare una mano. In questo caso invece il gestuante al posto della mano porge il gomito, come a dire: rosicchia questo! Nel suo uso quotidiano questo gesto indica cinismo, perfidia e una aperta soddisfazione per le disgrazie capitate all'interlocutore. Il gesto è stato diffuso in tutta Italia dalla famosa coppia di comici siciliani Franco Franchi e Ciccio Ingrassia.

128 - Prenditi questo!

Da hast du's!

Origine: Italia

Espressioni verbali corrispondenti:
Prenditi questo! Col cazzo!**(volgare)

Come si fa il gesto:
Entrambe le mani a taglio vengono agitate una o più volte dall'alto in basso, circoscrivendo la zona dell'inguine.

Spiegazione:
La simbologia di questo gesto non necessita di ulteriori chiarimenti e colui che lo produce esprime tutta la sua assoluta contrarietà ad esaudire richieste non gradite oppure vuole manifestare la propria soddisfazione per le disgrazie altrui.

Origine: Italia

Espressioni verbali corrispondenti:
Vuoi fare l'amore?
Me la sono fatta!** Scopare** Te/gliel'ho messo in quel posto/ nel di dietro!**(volgare)

Anche:
Ti/l'ho fregato/a!*

Come si fa il gesto:
La mano con le dita piegate verso il palmo forma un angolo retto con il braccio e viene spinta ripetutamente avanti e indietro. Lo stesso gesto può essere prodotto spingendo avanti e indietro l'intero braccio facendo perno sull'articolazione del gomito. Il gesto può essere fatto anche con la mano a pugno.

Spiegazione:
Gesto volgare, dichiaratamente maschilista, talvolta utilizzato tra amici, generalmente maschi, in maniera ironica o scherzosa. Questo gesto simbolico riproduce il movimento del pene nell'atto della copulazione e comunica l'invito o meglio l'esplicita richiesta ad avere un rapporto sessuale oppure che questo è già accaduto.

Il medesimo gesto può però anche esprimere in maniera figurata la riuscita o il fallimento di un intento o di una confrontazione interpersonale, come quando siamo usciti indenni da un pericolo o da una trappola tesaci con l'apposito intento di danneggiarci: "L'ho fregato!", "Gliel'ho messa in quel posto!"(volgare).
Se ne sconsiglia l'uso!

130 - Prendersela in quel posto! Fick dich!

Origine: Italia

Espressioni verbali corrispondenti:
Qualcuno mi ha fregato. Io l'ho fregato. Qualcuno (io, tu, lui, lei, noi, voi, loro) l'ha preso in quel posto**/nel culo!** Gliel'ho messo in quel posto*/nel culo**(volgare).

Come si fa il gesto:
La punta dell'indice viene unita a quella del pollice in maniera tale da formare un cerchio mentre le altre dita restano allineate ricurve sotto l'indice. Il palmo dell'altra mano viene sbattuto con forza, una o due volte sul cerchio dell'altra mano.

Spiegazione:
Data l'accentuata volgarità di questo gesto se ne sconsiglia l'uso in qualsiasi contesto formale o informale ed in presenza di donne o bambini. In genere viene usato tra uomini, soprattutto se legati da amicizia o confidenza. A tale gesto si ricorre per comunicare in maniera burbera, cinica o disincantata di esser stati vittima o di aver "inculato" qualcuno procurandogli uno svantaggio, un inganno, ma anche una sonora batosta.

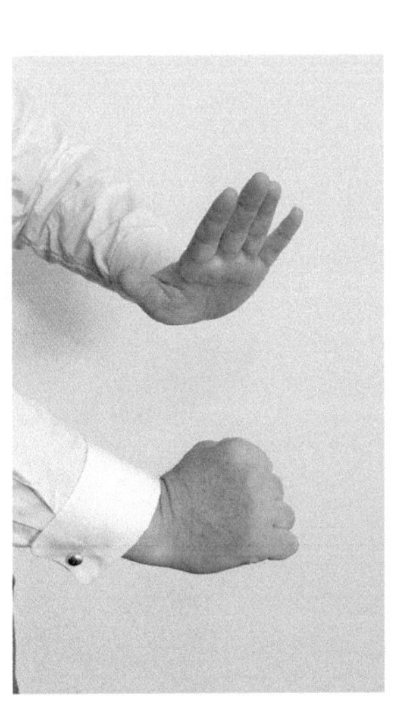

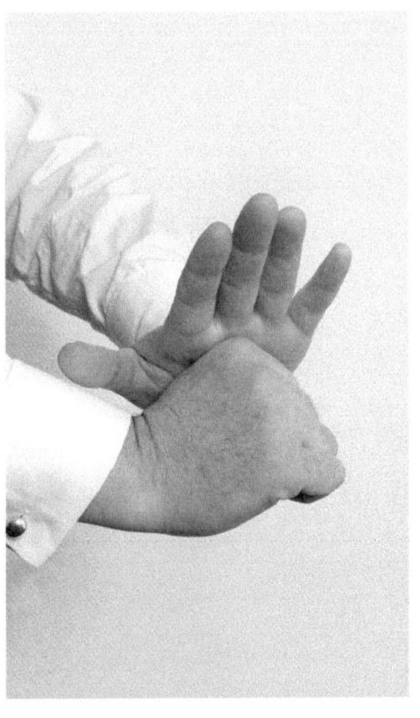

131 - Mano in fica/ Fare le fiche — Feigenhand/Neidfeige

Origine: Antica Roma, Grecia, Napoli

Espressioni verbali corrispondenti:
(vedi gesto: corna orizzontali)

Come si fa il gesto:
La mano viene stretta a pugno. Il pollice viene infilato e spunta ben visibile tra l'indice e il medio.

Spiegazione n. 1:
Protezione contro le forze del male, il malocchio. L'oscenità di questo gesto è simbolicamente rappresentata dal pene (il pollice), stretto tra l'indice e il medio (la vagina). "Mano in fica" o "Fare le fiche", altra espressione per questo gesto, similmente al gesto delle corna scaramantiche, era dunque una sorta di amuleto, un portafortuna avente funzioni protettive contro il malocchio e gli spiriti maligni. Ma perché un gesto, da noi, ritenuto osceno avrebbe dovuto proteggere contro il male? Va premesso che anticamente questo gesto non era affatto considerato osceno, anzi era proprio per la sua funzione prettamente erotico-sessuale che avrebbe confuso, allontanato o dissuaso il male dai suoi intenti. Contrariamente alla regola cristiana per cui il sesso e l'amore fisico tra due persone, concepimento escluso, era ed è considerato un grave peccato, presso gli antichi romani invece fare l'amore era considerato un dono degli dei. Va ricordato che l'aspettativa di vita era molto bassa, guerre, pestilenze, catastrofi naturali, epidemie ammonivano a vivere il momento, a cogliere l'attimo secondo appunto la famosa regola giunta fino a noi: Carpe diem!

Una risposta completa ed esauriente richiederebbe tempi e spazi più ampi. Sintetizzando va ricordato che non tutto ciò che noi oggi reputiamo osceno lo fosse anche nell'antichità precristiana. Presso Etruschi, Greci e Romani, ad esempio, l'esibizione di amuleti raffiguranti simbologie falliche era simbolo di fertilità ed abbondanza. Riproduzioni falliche in bronzo e in terracotta venivano appese all'interno e all'esterno delle case a protezione dei suoi abitanti; più o meno come avviene da secoli con crocifissi e immagini sacre. A Napoli e dintorni accanto a San Gennaro, indiscusso patrono della città, con le medesime funzioni protettive, non di rado troviamo il corno appeso alle pareti di abitazioni, negozi, bar e altri spazi pubblici. Gli Etruschi contrassegnavano addirittura le loro tombe con i simboli fallici: il fallo riprodotto da una pietra a forma di cuneo segnalava il sepolcro del defunto di sesso maschile mentre la tomba di una donna era contrassegnata da una pietra di forma ovale o rotonda.

Anche se nella maggior parte dei casi se ne ignora il suo significato originale, il gesto o la sua raffigurazione "Fare le fiche" è diffuso ancora oggi in alcune zone della Sicilia.

Spiegazione n. 2:
Fin dall'antichità il pene veniva chiamato "fico" e l'organo genitale femminile "fica" ove non si fa certo fatica ad associare il fusto dell'albero di fico al pene ed il frutto alla vagina. Prima dell'avvento del Cristianesimo infatti l'albero di fico ed il suo frutto erano considerati simboli sacri, sostituiti soltanto in seguito dall'albero di mele e dalla mela quale frutto proibito. Il pollice sarebbe dunque il pene introdotto nella vagina: Mano in fica.

Malgrado tale gesto o espressione sia scomparsa dalla lingua italiana odierna, sopravvive un ricchissimo assortimento di parole derivanti dallo stesso ceppo quali: ficcare, conficcare, e di cognomi come Fighin, Ficarotta, Ficucci, Fighetti, Figherol, Ficarra, Ficcato, Ficuna, Ficozzi, ecc. Non mancano espressioni verbali dal medesimo significato come: "Va' in mona!" (dialetto veneto)
Chiudendo il discorso: in alcune lingue la parola fica ha posto le basi per denominare quel tipico movimento sussultorio che "tanto piacere e tanto dolor causa" vale a dire: *ficcare*, (siciliano), *to fuck*, (inglese), *ficken*, (tedesco), ecc.

Il gesto rappresenta quindi ingiuria e oscenità, scherno per mandare qualcuno a quel paese. Dante lo riporta addirittura nel XXV canto dell'Inferno come atto fortemente osceno ed ingiurioso quando un suo personaggio, un ladro di nome Vanni Fucci, dopo esser stato cacciato da Firenze, una volta fuori dalle mura dando le spalle alla città impreca:
"*Al fin delle sue parole il ladro le mani alzò con ambedue le fiche, gridando: - Togli, Dio, c'ha te le squadro!*"

Questo gesto era punibile per legge come oltraggio al pubblico pudore ma soprattutto come gesto blasfemo in presenza di oggetti o immagini cristiane.

R. Malaspini: "*In su la rocca di Carmignano (castello del territorio pistoiese) aveva una torre alta braccia settanta, e su v'era due braccia di marmo, che le mani facean le fiche a Firenze. I fiorentini l'ebbeno e fecero disfare nel 1228.*"
E così veniva definito tale gesto:
"*Atto empio d'uom rotto, che per ribollimento di bestial ira, frenasi contro Dio con quell'oltraggio plebeo, di mettere il pollice fra l'indice e il medio, quasi scoccando a lui nel viso.*"
Il gesto era punibile per legge. La pena pecuniaria o corporale era regolata come segue:
"*Nello statuto di Prato chiunque Ficas fecerit... versus coelum vel versus figuram Dei... paga 10 lire per ogni volta; se no, frustato*" (Tommaseo).
M. Lombardi Lotti, "Lingua nostra" XIV, pp.63-64

Attenzione!
In Italia questo gesto sopravvive ancora oggi come innocuo giochino che si fa con i bambini "Ti rubo il naso!" oppure "Il pisellino dov'è? Eccolo!

132 - Il dito impudico **Stinkefinger**

Origine: Antica Grecia, Antica Roma

Espressioni verbali corrispondenti:
Beccati questo!** Vaffanculo!** Ficcatelo nel culo!** Fottiti!**(volgare)

Come si fa il gesto:
La mano chiusa a pugno e il dito medio teso verso l'alto. Per accentuarne la volgarità il braccio viene alzato ed abbassato repentinamente.

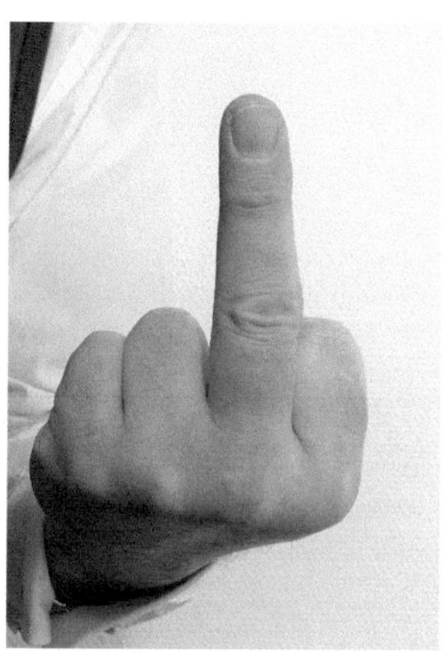

Spiegazione:
Simbolo fallico, esplicito insulto sessuale che imita la penetrazione.
Ci sono varie supposizioni sul significato del gesto: una possibile origine è spiegabile come un invito a subire, non da parte dell'autore, un rapporto anale; poi il gesto di accompagnamento, ovvero il movimento del gomito e del braccio, maggiormente rafforza l'idea di penetrazione.
Fra le cinque dita della nostra mano, il più importante è quello più corto: il pollice. Questa priorità è dovuta alla sua funzione di opponibilità, funzione di cui le rimanenti dita sono prive. Insieme ad altri fattori ovviamente, questa particolare articolazione, ci ha permesso di primeggiare su tutti gli altri componenti della specie animale.
Eppure basta uno sguardo per constatare che il dito più lungo è quello medio e quando lo allunghiamo e curviamo tutte le altre quattro dita diamo forma a un gesto ritenuto tra i più volgari ed offensivi dell'intera gamma gestuale: il dito impudico o meglio "digitus impudicus" come veniva definito nell'Antica Roma.

Infatti, questo e moltissimi altri gesti sono figli di genitori antichi. Oltre duemila anni fa era già in uso presso gli antichi Greci e il filosofo Aristofane lo citava già nel suo trattato "Le nuvole".

Pare che fosse uno dei gesti più diffusi nel suo genere e non a caso venne adottato dai Romani presso i quali il dito medio veniva definito appunto "digitus impudicus". Antiche cronache riportano che l'imperatore Caligola era solito umiliare i suoi sudditi offrendo loro il dito medio quando questi gli baciavano la mano in segno di omaggio e subordinazione.
I Romani, dunque, lo adottarono dai Greci e insieme a moltissimi altri usi e costumi e regole lo diffusero fin negli angoli più remoti del vastissimo impero. Questo gesto sopravvisse alla caduta di Roma ed in alcune zone dell'ex impero di allora continua ad essere usato ancora oggi. A partire dal Medioevo in paesi come l'Italia, la Francia, la Grecia e la Spagna il medio in alto venne gradualmente sostituito dal non meno volgare e attualissimo "gesto dell'ombrello". (vedi anche "il dito medio")

LE MANI

Breve storia della stretta di mano

La congiunzione delle due mani mostra che esse sono disarmate e simboleggia un'unione pacifica: anticamente questo gesto veniva usato per suggellare contratti, alleanze, armistizi, matrimoni (come la *dextrarum iunctio* romana scambiata dagli sposi). In seguito il significato originario si estese e la stretta di mano divenne un segno generico di pace e di amicizia, comunemente usato come saluto, di solito accompagnato anche da «buongiorno», «arrivederci», «piacere», «auguri» e così via.

La stretta di mano, quindi, non è un prodotto della società moderna, e nemmeno circoscritta al mondo occidentale. La sua origine risale a più di 5000 anni fa, confermato da geroglifici egiziani che rappresentano patti ed accordi tra uomini e dei che, solamente stringevano la mano in segno di accordo. Uno degli antecedenti storici più importanti proviene dalla Babilonia di quasi 4000 anni fa, più esattamente nel 1800 a.C. Durante la celebrazione del nuovo anno, il monarca babilonese doveva realizzare un cortese atto di sottomissione davanti a Marduk, il maggior dio babilonese. Questo atto consisteva nel dirigersi verso la statua del suddetto dio e, in segno di rispetto, stringere la sua mano. Quest'azione, che originariamente significava il trasferimento o l'acquisizione dei poteri, fu modificato dopo una lunga guerra. Quando gli Assiri invasero la Babilonia, i suoi re si videro obbligati a perpetuare il suddetto atto quale segno di rispetto onde evitare che il popolo conquistato si ribellasse ed iniziarono così a stringere la mano a Marduk. Immediatamente gli Assiri cominciarono a credere che questa fosse una tradizione generale e la fecero propria, diffondendola in tutto il Medio Oriente.

(Una moneta di Nerva, I secolo d. C., che raffigura una stretta di mano, © www.Roma.Numismatics.com)

In Grecia ed a Roma era comune salutarsi con la stretta di mano, ma in un modo diverso da come avviene oggi. A quell'epoca si afferrava l'avambraccio oppure il polso dell'altra persona stringendoli fortemente. Questo si convertì in un'abitudine sia nella Grecia postomerica sia a Roma nonostante le sue origini derivino da un rito molto antico.

In Grecia quando due persone o viaggiatori residenti di paesi o città diverse si incontravano in sentieri solitari o in aperta campagna, la prima cosa che facevano era ritirare le proprie spade e vedere come reagiva la controparte. Se l'altra persona mostrava segni di non voler combattere si procedeva a rimettere la spada nell'elsa ed ad afferrare con vigore il polso destro dell'altra persona, affinché quest'ultimo non potesse rimetter mano alla propria spada e lo colpisse a tradimento, solo allora potevano procedere a dialogare tranquillamente e sapere se l'altra persona avesse qualcosa da barattare o comprare.

La lingua italiana abbonda di espressioni che conferiscono alle mani funzioni precedentemente immaginate dalla mente: *porre mano* ad una situazione critica causata dal fatto di essere stati *larghi di mano* o per aver avuto *le mani bucate* mentre *toccare con mano* equivale ad accertarsi di persona di un dato di fatto per poter poi *porvi mano*. Meglio *non metterci mano* se la situazione risulta ormai compromettente o irrisolvibile, meglio ancora sarebbe stato non farsela *sfuggire di mano* fin dal principio. Il volante che *sfugge di mano* o addirittura *guidare contromano* possono far sbandare un autobus affollato mentre nel trambusto qualcuno ne approfitta per *fare mano morta*, palpeggiando spudoratamente il sedere o il seno di un'ignara ragazza. Nella storia è già accaduto che il rifiuto conseguito alla *richiesta della mano* di una principessa sia stato risolto *cum manu militari* a meno che le parti contraenti non fossero precedentemente giunte ad un compromesso in cui *una mano lava l'altra ed entrambi lavano il viso*. In lirica l'approccio con l'amata è stato risolto in modo più romantico *che gelida manina se la lasci riscaldar* (la Bohème, Giacomo Puccini). In poesia si va per metafore *l'albero cui tendevi la pargoletta mano* (Pianto antico, Giosuè Carducci), ed in tempi più recenti *con le mani sbucci le cipolle... con le mani puoi dirmi di sì* (Pippo, Zucchero Fornaciari). Ma *man mano* che si procede in questa elencazione è facile *farsi prendere dalla mano e farsi sfuggire di mano* il senso del discorso. Torniamo quindi all'argomento sull'uso delle mani nel linguaggio gestuale.

Le mani espletano la funzione realizzatrice di ciò che il cervello ha precedentemente contemplato. Il braccio (per antonomasia la mano) e la mente traducono in modo esemplare l'affermazione di Aristotele che già qualche migliaio di anni fa sosteneva che *le mani sono una diramazione del cervello*. In effetti la relazione che intercorre fra mani e cervello è molto stretta e complementare.

Le mani hanno diverse forme, colore, consistenza, vigore, mobilità, temperatura. Gli studi condotti in psicologia e in psicoanalisi sul rapporto esistente tra corpo umano e personalità includono una stretta correlazione tra di essi, mani incluse. Seguono alcune forme delle mani, classificate tra le più comuni, prese in considerazione a tale scopo:

- mano quadrata con le dita corte o lunghe
- mano conica con le dita sottili che si piegano verso l'alto
- mano affusolata con le dita che terminano a punta
- mano a spatola con le dita larghe

Le dita nella comunicazione non verbale

Le dita della mano occupano un posto privilegiato nella comunicazione non verbale: le dita che tamburellano impazienti sul tavolo, le dita di un direttore d'orchestra, il pollice verso ed il pollice eretto, agitare l'indice per negare o per sollecitare qualcuno ad avvicinarsi o semplicemente per indicare qualcosa, il medio come dito impudico, l'anulare congiunto al pollice per esprimere una quantità esigua, il mignolo eretto che indica magrezza, il mignolo e l'indice eretti nel duplice segno delle corna, congiungere ed allargare tutte le dita al pollice nel triplice significato: sintesi, paura, affollamento.

Il pollice

È il dito più robusto e più forte, detto anche dito opponente perché è l'unico in grado di "interagire" ed essere opposto e congiunto alle altre quattro dita. Tramite questa funzione si possono afferrare e manipolare gli oggetti permettendo così all'essere umano di effettuare un salto significativo nel corso della sua evoluzione. La sua importanza è talmente evidente che in caso di una sua menomazione o amputazione, dovuta ad infortunio sul lavoro, gode di massimo indennizzo da parte delle compagnie di assicurazione.

Il pollice simboleggia l'ego. La sua ostentazione, spesso in maniera inconscia, manifesta superiorità, volontà, affermazione e dominio sugli altri. In questo volume sono riportati i due gesti „pollice alzato" e „pollice verso" come ago della bilancia tra positivo/negativo, affermazione/negazione. Per i gladiatori nell'antica Roma, così si afferma ma non è affatto provato, era un indicatore di vita (pollice alzato) o di morte (pollice verso). Indicare se stessi con il pollice è segno di autostima o di autocompiacimento ma anche spavalderia, arroganza.

Indicare qualcuno con il pollice invece presenta connotati negativi che, a seconda delle circostanze, possono essere interpretati come accusa, presa in giro, sarcasmo, mancanza di tatto o di rispetto. Anche quando le convenzioni sociali o precise circostanze non permettono di esprimersi come si vorrebbe, ad esempio quando si incrociano le braccia sul petto con le mani sotto le ascelle e i pollici restano ben in vista rivolti verso l'alto si mostra sicurezza di sé, desiderio di dominio sugli altri. Il medesimo segnale che si trasmette tenendo le mani in tasca con i pollici eretti ben in vista.

Analogo significato hanno le mani infilate nelle tasche posteriori con i pollici che fuoriescono, soltanto che in questo caso l'ostentazione di dominio viene parzialmente celata. Una virilità ancora più marcata invece viene segnalata dagli uomini con i pollici infilati nelle tasche anteriori dei pantaloni o sotto la cintura mentre le altre dita restano distese rivolte verso il basso ed i gomiti leggermente allargati: un chiaro segnale di virilità riscontrabile anche presso alcune speci animali durante la fase di corteggiamento. L'esigenza di nascondersi o di sottrarsi all'osservazione degli altri viene espressa invece posizionando i pollici, nascondendoli, nelle altre dita chiuse.

Pollice verso, pollice orizzontale e pollice eretto

I testi latini non danno alcuna certezza sul loro vero significato. Le fonti sono scarse e discordanti. In sostanza si ignora se il "pollice girato" sia verso il basso, l'alto o posto in maniera orizzontale. Molto probabilmente il "pollex versus" era da intendersi in modo orizzontale, come ad esempio quando un gladiatore sconfitto chiedeva "la grazia di morte". Contrariamente a quello che siamo abituati a vedere nei film, sembra invece quasi certo che il pollice in giù significasse che la daga andava riposta nell'elsa e quindi la vita mentre il pollice in su o orizzontale significava la daga sguainata e quindi la morte del malcapitato. Il pollice racchiuso nel pugno chiuso (spada nel fodero) stava invece a significare che la vita del gladiatore perdente veniva risparmiata. Da un antico medaglione romano rinvenuto in Francia meridionale risalente al II o al III secolo d.C. viene raffigurato un giudice nell'atto di premere il pollice nel pugno chiuso accanto a due gladiatori con l'iscrizione "quelli in piedi verranno liberati". L'attuale accezione del "pollice verso" quale significato di morte del gladiatore viene fatta risalire all'omonimo quadro del pittore francese Jan-Leon Geromè (1872).

L'indice

È stato definito il dito del sapere e del comando: scettro del potere, surrogato della clava dei nostri antenati, bastone di comando brandito, più o meno consciamente, per minacciare, accusare, ammonire, chiamare a sé, richiamare, sottolineare, accentuare, interdire, negare, sbarrare, chiudere. L'indice indica. Solo chi sa è in grado di indicare agli altri cosa, come, dove, quando fare qualcosa o il suo contrario. Sapere è notoriamente potere. Un ordine può essere impartito fondamentalmente in due diversi modi: rivolgendo la mano verso l'alto oppure con il palmo che guarda verso il basso. Nel primo caso, l'ordine emanato non viene percepito come costrizione o minaccia bensì come un'indicazione necessaria e neutrale. Autoritario e perentorio è invece un comando impartito con il palmo girato verso il basso con le dita chiuse e l'indice teso, puntato contro l'interlocutore. Questo secondo gesto non ammette repliche: l'ordine va eseguito senza se e senza ma. Esso mira a delineare la gerarchia tra gli interlocutori, collocando il destinatario in uno stato di sudditanza, il quale sentendosi minacciato e prevaricato eseguirà sì l'ordine, ma con un forte senso di avversione quando non opporrà addirittura un netto rifiuto.

Il medio

Origini del significato del dito impudico

Questo gesto viene citato nella letteratura greca da Giulio Polluce il quale afferma che gli Attici chiamano il dito medio della mano Katapygon per indicare una persona perversa. Aristofene ne fa riferimento in alcune sue opere, tra cui "Le nuvole" con la parola "dattilo". Il filosofo cinico Diogene, così scrive Diogene Laerzio, in seguito alla richiesta di uno straniero che voleva poter ammirare Demostene mostrò il dito medio dicendo "Ecco per voi questo, il demagogo di Atene".

Isidoro di Siviglia, nelle sue Etimologie XI,1,71, afferma che il terzo dito della mano è chiamato "impudico" perché "sovente tramite esso si esprime ammonimento nei confronti di un'azione vergognosa". Giovenale tramite "Metonimia" parla invece di "unghia media" nei confronti delle minacce della dea Fortuna.

La vasta diffusione di questo ed altri gesti in culture differenti va ricollegato all'influenza della cultura greca e all'enorme estensione geografica e culturale dell'impero romano.

Secondo un'altra interpretazione, il gesto del dito medio alzato risalirebbe alla **Guerra dei cento anni** tra Inglesi e Francesi. L'arma più efficace degli Inglesi erano gli arcieri. Per tale ragione quando uno di loro cadeva in mano ai Francesi, questi gli amputavano l'indice ed il medio. Era questo infatti il gesto (con due dita e non con una) che gli arcieri inglesi mostravano agli avversari prima di ogni battaglia. La "V" tutt'ora in uso, e non soltanto dagli inglesi per mandare a quel paese il prossimo, veniva esibita con il dorso della mano rivolto verso l'esterno, mentre tramite la "V" come segno di vittoria, diffusa dopo la seconda guerra mondiale da **Winston Churchill**, ad essere rivolto verso l'esterno è il palmo della mano e non il dorso.

È il dito più lungo e sporgente al centro della mano e delle altre dita. Forse per questo vorrebbe stare sempre in bella mostra, sempre al centro dell'attenzione. Evidenziare, toccare ripetutamente, strofinare il dito medio nell'interazione con gli altri può manifestare carenza di attenzione e di riconoscimento. Se il suo messaggio viene ignorato è abbastanza probabile che l'autore di questo gesto, vedendosi trascurato, possa intervenire verbalmente elencando una serie di pregi e particolarità

(scultura di Cattelan davanti alla Borsa di Milano in Piazza Affari,fotografia: © Fotolia, Andrea Sanfilippo)

L'anulare

Il dito del cuore, degli anelli di fidanzamento o della fede nuziale. Toccare ripetutamente, giocherellare, girare e rigirare la fede può segnalare attrazione fisica o interesse verso qualcuno o per quello che si sta ascoltando. Giocare con la fede, che in italiano ha il duplice significato di anello nuziale e fedeltà, può rivelare i pensieri nascosti di un uomo o di una donna alla vista di un rappresentante dell'altro sesso, ritenuto fisicamente attraente. Immaginiamo di osservare due persone intrattenersi per strada o seduti al tavolo di un bar: improvvisamente lo sguardo di uno dei due viene attratto da una bella donna sconosciuta mentre gli passa davanti o seduta al tavolo di fronte. Può succedere che l'uomo compia inconsciamente più volte l'atto di sfilarsi la fede che tradotto verbalmente è come se dicesse "non mi dispiacerebbe...!", poi però si fa strada improvvisamente la componente morale a rammentargli che la messa in pratica di tale desiderio equivarrebbe ad un atto di infedeltà nei confronti della propria moglie o partner e la fede viene riportata nella sua posizione abituale. Sfilare e rinfilare la fede equivale rispettivamente a dire: "questa donna è attraente, vorrei... . ma no, non si può perché così tradirei mia moglie!"

Il mignolo

Se il pollice indica l'ego, l'indice il potere ed il comando, il medio l'esigenza di venir notato ed apprezzato, l'anulare i sentimenti, il mignolo simboleggia l'apparenza o come vorremmo essere visti dagli altri. In un vecchio film, il famoso attore Ugo Tognazzi istruisce un altro protagonista come bere una bevanda tenendo il mignolo eretto e ben in vista per apparire snob. Il gesto esprime un'azione visibilmente esagerata e affettata. Del resto la parola snob derivante dal latino "sine nobilitate" venne creata dagli inglesi proprio per definire quelle persone che in società scimmiottano atteggiamenti e posture tipici dei ceti sociali più elevati, perseguendo nel ridicolo intento di apparire appartenenti di una classe agiata convinti di celare in questo modo la loro vera provenienza. Mani ed unghie ben curate contraddistinguevano un tempo nobili, intellettuali e ricchi da coloro che svolgevano un lavoro manuale, quali appartenenti a una classe sociale meno abbiente. Non era raro che gli uomini una volta raggiunta una certa indipendenza economica, oggi diremmo i "nuovi ricchi", usavano farsi crescere l'unghia del dito mignolo quasi come uno status symbol per manifestare agli altri di non avere più bisogno di lavorare con le mani. Insicurezza, tensione, stress possono, inconsciamente, farci mettere le dita in bocca. È un surrogato del seno materno e del succhiotto che la mamma mette in bocca al bambino per tranquillizzarlo. Da adulti oltre alle dita mettiamo in bocca l'estremità di una penna, la stanghetta degli occhiali, uno stuzzicadenti, la sigaretta, il sigaro, la pipa e non di rado ci mordicchiamo le unghie.

Gesti e forme della mano

Gesten und Handformen

Mano distesa

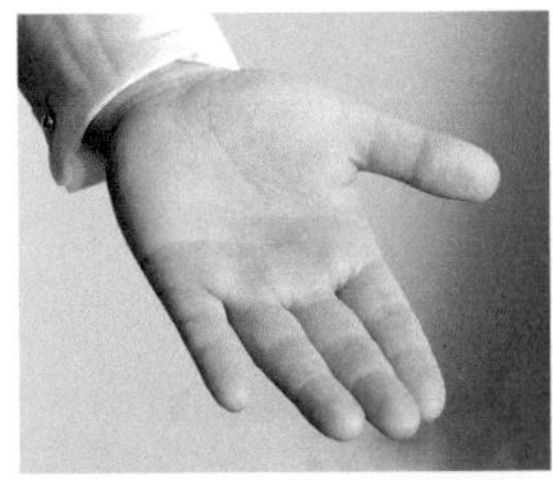

Ausgestreckte Hand

Mano a taglio o ad ascia

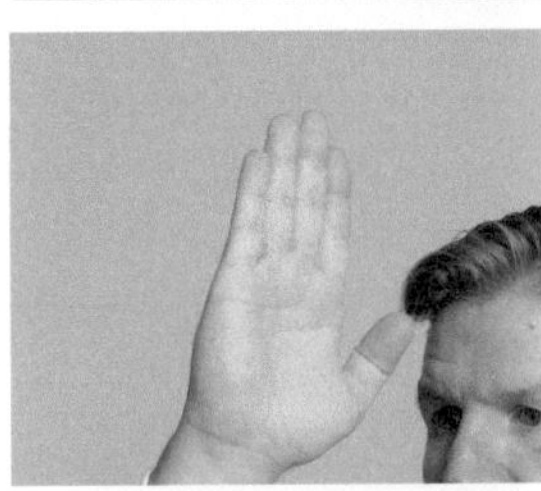

Hochkantige Hand

Mano a forbice

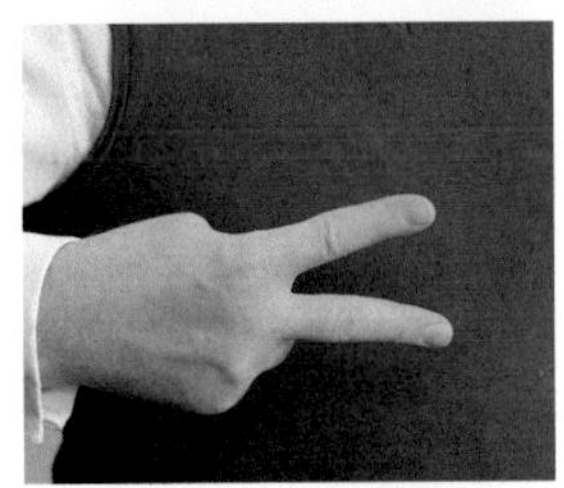

Scherenhand

Mano a borsa

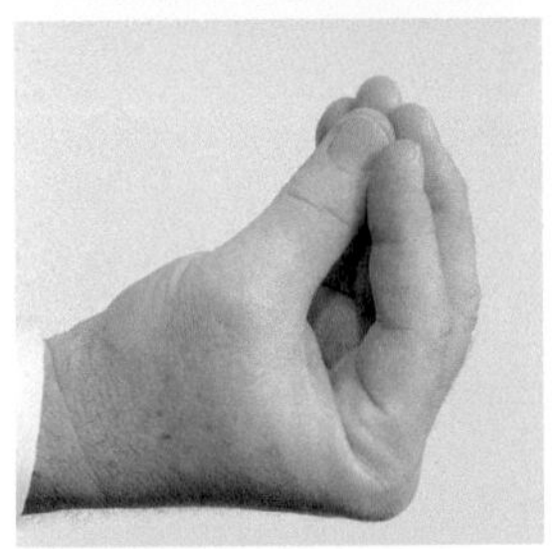

Gebündelte Hand

Mano a grappolo o a doccia

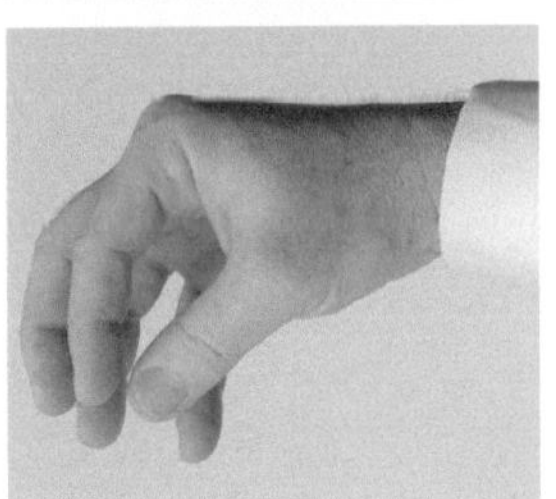

Traubenförmige Hand

Mano a pugno

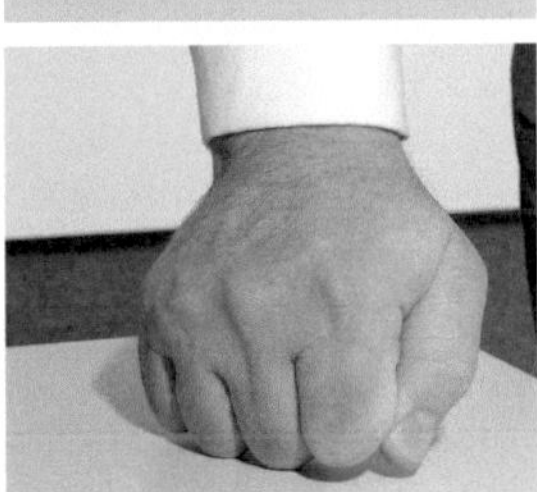

Zur Faust geballte Hand

Mani congiunte		Betende Hände
Mano cornuta	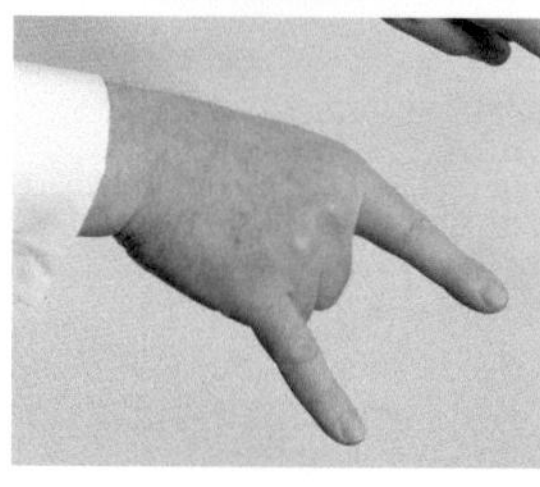	Hörnerhand
Mano a pistola	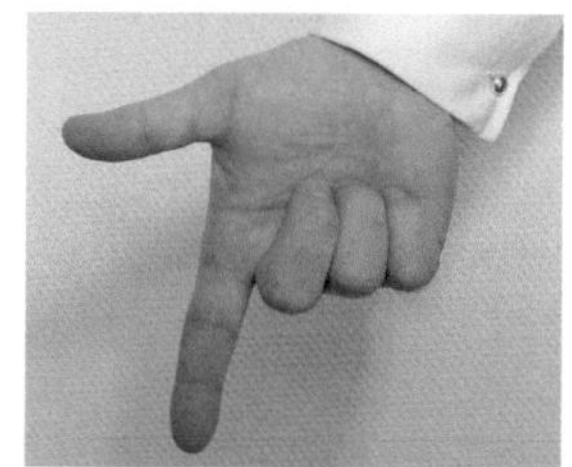	Pistolenhand
Dorso della mano	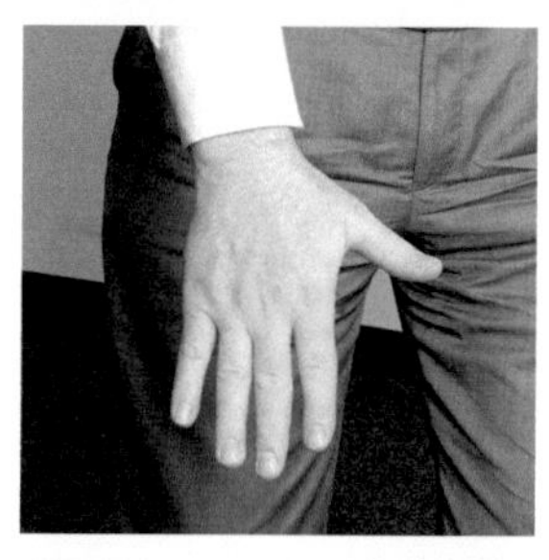	Handrücken
Palmo della mano	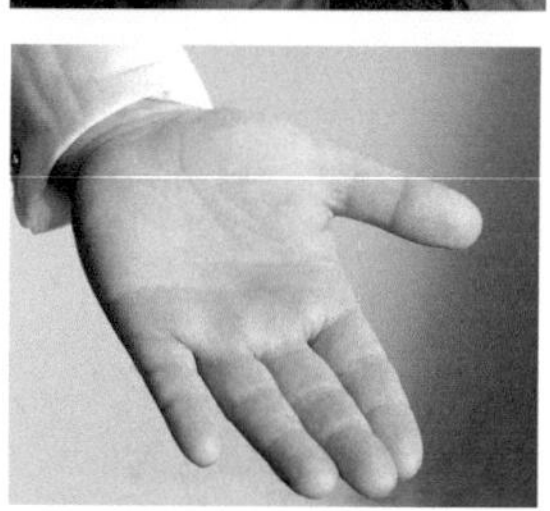	Handfläche

BIBLIOGRAFIA

Argyle M., *La comunicazione non verbale*, Laterza, Bari 1974

Argyle M., Bodily Communication, Methuens, London 1975 (traduzione italiana, Il corpo e il suo linguaggio: studio sulla comunicazione non verbale, Zanichelli, Bologna 1978

Abozzi P., *L'interpretazione dei gesti*, L'Airone Editrice, Roma, 2010

Attili G., Ricci Bitti P.E (a cura di), *Comunicare senza parole*, Bulzoni, Roma 1983

Baüml. B.J. Baüml F.H., *A Dictionary of Gestures*, The Saxrecrow Press, Metuchen 1975

Bianchini A., *Gesti e segni per comunicare*, Edizioni Omega, 1985

Bonifaccio G., *L'arte de' cenni*, 1616

Brunati Emilio, *Lo sviluppo neuropsichico nei primi tre anni di vita: strategie di osservazione e di intervento, Milano*, Armando Editore, 1996

Letizia Sabbadini, *La disprassia in età evolutiva: criteri di valutazione ed intervento*, Springer, 2005

Chimirri G., *I gesti che seducono*, Giovanni De Vecchi Editore S.p.A., Milano 1998; DVE ITALIA S.p.a., Milano 2003

Darwin C., *L'espressione delle emozioni negli animali*, Newton Editore, 2006

De Blasi Nicola, *Parole nella storia quotidiana: studi e note lessicali*, Napoli, Liguori, 2009

De Jorio A., *La mimica degli antichi investigata nel gestire napoletano*, Arnaldo Forni, Bologna 1972 (ristampa dall'originale del 1832)

De Mauro T., *Storia linguistica dell'unità d'Italia unita*, Laterza, Roma/Bari, 1963

Diadori P., *Senza parole*, Bonacci editore, Roma 1990

Diadori P., *La gestualità nella nuova commedia all'italiana: uno specchio degli usi comunicativi dell'Italia contemporanea*, Culturiana 1992

Ekman P., Friesen W.V., *Emotion of the human face*, Pergamon Press, Oxford, 1972

Ekman P., Friesen W.V., *The Repertoire of Nonverbal Behavior: Categories, Origins, Usage, and Coding*, in "Semiotica", 1.1969, ristampa in Kendon, *Nonverbal Communication, Interaction, and Gesture, Mouton*, The Hague 1981
Ekmann P., Friesen W.V., *Facial Action Coding System. A Technique for the Measurement of Facials Movement*, Palo Alto, (1978)

Feyerreisen Pierre, *The Competition between Gesture and Speech Production in Dual-Task Paradigms*, Journal Of Memory and Language (1997), Article no.: ML 952458

Gaio Valerio Catullo, Carme V, Verona 84 a.C. - 54 a.C. (Traduzione di Salvatore Quasimodo)

Hall E.T., *Il linguaggio silenzioso*, Bompiani, Milano 1969, (traduzione italiana) titolo originale: *The silent language*, Doubleday, Garden City, N.Y 1959

Jacobelli G.P., La corna, *Antroposemiotica della mano cornuta come offesa e difesa*, Bevivino Editore, Milano/Roma 2010

Kendon A., *Some Relationships between Body Motion and Speech*, in A. Siegman, B. Pope, *Studies in Dyadic Communication*, Pergamon, New York 1972

Kendon A., *Some recent work from Italy on quotable gestures (emblems)*, Journal of linguistic Anthropoly, 1992

Kendon A., Gesture: *Visible Action as Utterance*, A. Kendon

Kendon A., *Gestures as illocutionary and discourse structure markers in Southern Italian Conversation*, "Journal of Pragmatics" 1995

Kendon A., *Annual Review of Anthropology*, Vol. 26, 1977

King Ross, *L'enigma del cenacolo*, RCS Libri S.p.A. Milano, 2012,
Titolo originale: *Leonardo and the last supper*

Lowen A., *Il linguaggio del corpo*, Feltrinelli, Milano 1978

Lowen A., *Bioenergetica*, Feltrinelli, Milano 2004 (Titolo dell'opera originale: *Bioenergetics* (Coward, McCarin & Geohen, Inc., New York) 1975 by Alexander Lowen

Mallery Garrick, *Sign language among North American Indians compared with that among other peoples and deaf mutes*, 1881 (riportato da Kendon, 2007)

Mc Neill David, *Language of gesture*, Editor: Mc Neill, University of Chicago

Morris D., *Der Mensch mit dem wir leben*, Copyright der deutsche Ausgabe Droemersche Verlagsanstalt, Th. Knauer, Nachf. München/Zürich 1978
Titel der englischen Ausgabe: *Manwatching*, Elsevier International Projects Ltd Oxford/ Jonatan Cape Ltd London; Text 1997 Morris Desmond

Morris D., *Bodytalk. A World Guide to Gestures*, Cape, London 1994

Morris D., Collett P., O'Shaugnessy M., Gestures, Jonatan Cape, London 1979 (Titolo della traduzione italiana *I Gesti. Origini e diffusione*)

Morris D., *La scimmia nuda*, Bompiani Editore 2008. Titolo originale: *A Zoologist's Study Of The Human Animal*, 1967, Jonatan Cape, London

Munari B., *Supplemento al dizionario italiano*, Muggiani, Milano 1963

Munari B., *Il dizionario dei gesti italiani*, Adnkronos libri, Roma 1994

Poggi I., Magno Caldognetto E., *Mani che parlano*, Unipress, Padova 1997
Quintilianus Marcus Fabius, (35-96 a. C.) *Institutio Oratoria / Pronuntiatio*

Paura B.-Sorge M., *Comme te l'aggia dicere? Ovvero l'arte gestuale a Napoli*, Edizioni Intra Moenia, Napoli 2005

Pitrè G., *Usi, costumi, credenze e pregiudizi del popolo siciliano* (I gesti), Pedrone-Laurel, Palermo 1889 (ristampa Forni, Bologna 1961)

Poggi I., *La mano a borsa, analisi semantica di un gesto emblematico olofrastico*, F. Orletti; Bulzoni, Roma 1983

Poggi I., *Le analogie tra gesti e interiezioni. Alcune osservazioni preliminari*, a cura di F.Orletti, *Comunicazione nella vita quotidiana*, Bulzoni, Roma 1983

Ricci Bitti P.E., Attili G., *Comunicazione senza parole*, Roma, Bulzoni, 1983

Ricci Bitti., Attili G., *I gesti e i segni*, Roma, Bulzoni, 1983

Ricci Bitti P.E., *Comunicazione e gestualità*, Franco Angeli, Milano, 1987

Ricci Bitti P.E., *Cortesi S. Comportamento non verbale e comunicazione*, Il Mulino, Bologna 1977

Ricci Bitti P.E., *Comunicazione e gestualità*, Milano, Angeli, 1987

Rimè B./Schiaratura L., *Fundamentals of non verbal behavior*, Cambridge University Press, Editors: RS Feldmann. B. Rimè (1991)

Tylor E., *Researches into the early history of mankind*, 1985

Fonti da Wikipedia:

- Franco Montanari, *Vocabolario della lingua greca*, Torino, Loescher, 1995, sub voce
- *La pace*, v. 549 e *Suda*, *Erasmo da Rotterdam* cita questo passo del *Suda* nei suoi *Adagia*, III, iii, 87 (annotazione n. 2287).
- Vite dei filosofi, VI, 2, 34.
- Discorsi di Epitteto, III, 2, 11.
- *Priapeia*, 56: 'Derides quoque, fur, et impudicum ostendis digitum mihi minanti?'; *Marziale*, Epigrammi, VI, 70, 5 e II, 28, 2.
- Satire, 2, 33.
- Satire, 10, 52-3. *Erasmo da Rotterdam* fa riferimento alle citazioni di *Marziale, Giovenale e Persio* nei suoi *Adagia*, II, iv, 68 (annotazione n. 1368).

RINGRAZIAMENTI

In particolare ringrazio:

Giuseppe Angino per la realizzazione fotografica.

I due "modelli": **Nadine Matrullo** e **Maurizio Scafidi** per le fotografie e il dvd.

Nina Ratuschny per la realizzazione del dvd.

Il direttore della Volkshochschule di Augsburg **Stefan Glocker** per la gentile concessione dei locali dell'istituto, location della sessione fotografica e del dvd.

Elisa Ciolino, docente di lingua italiana presso la Vhs di Augsburg, per la correzione delle bozze.

Christian Pacelli, psicologo, per la sua consulenza e collaborazione.

Alexandra Denzinger per l'instancabile lavoro certosino e gli innumerevoli consigli nella realizzazione tecnica del volume.

Mario Parisi

© Umberta Simonis

Mario Parisi

Mario Parisi, nato a Vignanello (Viterbo), vive in Germania dagli inizi degli anni settanta.
Nel 1984 fonda ad Amburgo insieme ad un amico e socio la "Scuola Italiana Senzaparole" che dirige per i successivi 15 anni.
Autore di vari libri di testo, pubblicati dalla casa editrice Rowohlt.
Nel 1998 si trasferisce ad Augsburg, dove svolge l'attività di docente di lingua italiana.
Oltre all'insegnamento organizza soggiorni culturali in Italia, conduce corsi di aggiornamento per insegnanti ed è relatore di argomenti di vario indirizzo, tra cui "Il linguaggio non verbale degli italiani" presso Volkshochschulen, Ginnasi e Università in Germania meridionale.
Ultimo volume pubblicato: "La casa dei miei (bi)sogni".